Éditorial

PAR GUYONNE DE MONTJOU

Chaque enfant porte en lui un monde, une singularité que l'éducation, cette couture sur-mesure, peut concourir à révéler. Sur ce thème, les ouvrages fleurissent, les conseils abondent, mais l'énigme à résoudre reste entière. Les parents comme les grands-parents naviguent à vue entre les méthodes, les projections, les injonctions. Leurs enfants sont uniques. Comment trouver l'alliage qui conjuguera leur propre histoire avec celle qui s'épanouit sous leurs yeux, presque à leur insu, selon une loi mystérieuse ? L'amour filial engage une traversée parfois orageuse, parfois joyeuse, ponctuée de virements de bord voire de naufrages, mais une certitude demeure : le vœu profond de le faire durer. Au fil des années, les émerveillements ne manquent jamais de surgir, souvent à l'endroit où on s'y attend le moins. Baudelaire en était convaincu : « *Le génie, c'est l'enfance retrouvée à volonté* », écrivait-il. Heureux l'homme qui peut puiser à cette source suffisamment de force et d'audace pour inventer sa route.

La mission des parents est ardue, voire impossible. Ils doivent sécuriser, aimer, transmettre, fortifier l'enfant tout en nourrissant chez lui la soif de relations, pour échapper à l'illusion de son autosuffisance. On parle beaucoup depuis le début de ce siècle de la « crise de la transmission » et l'on entend l'écho d'une sourde inquiétude partout. Nous serions en train de vivre une mutation radicale, un changement anthropologique. Difficile pour une famille, par essence verticale et continue, de concurrencer l'information horizontale et immédiate qui déferle via les nouveaux outils numériques. La mission des parents est d'endiguer ce flot et d'aider les jeunes à s'affirmer comme sujets. Faire grandir un enfant dans sa conscience est le meilleur remède à l'hébétude.

Cet ouvrage n'est pas un mode d'emploi. Il propose des jalons de réflexion à travers le témoignage des meilleurs spécialistes de l'enfance et des reportages de terrain. Autant de textes qui peuvent inciter ceux qui ont accepté l'immense responsabilité d'éduquer à s'affermir et à approfondir leur exaltante mission.

Sommaire

Éditorial par *Guyonne de Montjou* **P.3**

Le grand entretien avec **Didier Pleux** : « Les parents doivent toujours peser plus lourd que les enfants » **P.8**

PERMANENCE ET MÉTAMORPHOSES DE LA FILIATION P. 14

Depuis quand est-il si important d'être **de bons parents** ? **P.16**

Les familles nombreuses à contre-courant ? **P. 20**

Quand **l'enfant** porte le couple parental **P.23**

Jean-Pierre Winter : « Tout père est à la fois fascinant et décevant » **P.25**

L'art d'être **grands-parents aujourd'hui** **P.27**

Familles contemporaines : des **cocons trop serrés** ? **P.32**

PMA pour toutes : vers un enfant produit ? **P.34**

Parents à tout prix : les **dérives de la GPA** en Ukraine **P.36**

Boris Cyrulnik : « Un bébé est très facile à réparer » **P.40**

Quand **le prénom** est lourd à porter **P.44**

Maisons de famille : que ma joie demeure ! **P.46**

La lente recomposition de la famille française *(infographie)* **P.50**

DU BERCEAU AU BUREAU : LES NOUVEAUX CHEMINS P. 52

Marc Fumaroli : « L'éducation doit ouvrir à la beauté du monde » **P.54**

« Laissez les enfants jouer », alertent les pédiatres **P.62**

Bernard Lahire : « L'éducation, une exigence de tous les instants » **P.64**

Pourquoi l'école n'enseigne-t-elle plus **la cuisine et le bricolage** ? **P.66**

Hors-contrat : **un laboratoire** pour l'école **P.69**

Heurs et malheurs du **téléenseignement** **P.73**

« Réhabilitons les activités de l'**attention** » **P.76**

Soutenir **l'esprit de compétition** des enfants, sans la rivalité **P.79**

Claude Halmos : « Les parents veulent échapper au conflit avec l'enfant » **P.81**

Anne Bacus : « Interdiction de la fessée : maintenant, on fait quoi ? » **P.82**

Suède : **quelle autorité** reste-t-il aux parents ? **P.85**

Éducation : sur qui faut-il copier ? **P.87**

La **mère tigre** ressort les griffes **P.90**

***Portfolio :* La parentalité dans tous ses états P.92**

CONNECTÉS ET DÉPENDANTS : QUELLES SOLUTIONS ? P.116

Peut-on **débrancher nos enfants** ? **P.118**

Les « parennials », ces parents conseillés par Google **P.124**

« **La pénurie de mots,** une des causes de la violence des adolescents » **P.126**

La dangereuse **addiction aux jeux vidéo P.128**

Cannabis : « La prévention passe par l'école » **P.130**

Comment le phénomène des « **jeux dangereux** » se propage sur les réseaux sociaux **P.132**

L'inquiétante explosion du **harcèlement en ligne P.136**

Enfants, pornographie et écrans : les parents face à leurs contradictions **P.138**

Avoir des **parents hyperconnectés,** une perte de chance pour les enfants **P.140**

Les élèves chinois privés de **téléphones portables à l'école P.142**

Les écrans envahissent la vie des enfants et celle des parents *(infographie)* **P.144**

QU'EST-CE QU'UNE ENFANCE RÉUSSIE ? L'AVIS DES PSYS P.146

L'impact de la naissance sur **le psychisme de l'enfant P.148**

Peut-on **tout dire** aux plus jeunes ? **P.150**

Non, **l'ADN ne détermine pas le destin** des enfants **P.153**

Jeanne Siaud-Facchin et **Mercedes Erra :** « Pourquoi donne-t-on autant de poids au rôle des mères ? » **P.156**

Jacques Arènes : Pères et fils, comment transmettre sans écraser ? **P.160**

Ados, modes d'emploi dans un nouveau monde **P.163**

L'ère des **enfants « pas comme les autres » P.165**

Nicole Prieur : Les « conflits de loyauté » des 17-25 ans **P.168**

Enfants trans : quand la volonté de **changer d'identité** bouscule l'école **P.170**

Changement de sexe : quid du consentement des mineurs ? **P.174**

Quand **les écrans** les mettent à cran *(infographie)* **P.176**

LE FIGARO
14, boulevard Haussmann, 75009 Paris

Président
Charles Edelstenne

Directeur général, directeur de la publication
Marc Feuillée

Directeur général adjoint
Jean-Luc Breysse

Directeur des rédactions
Alexis Brézet

Rédaction en chef : Guyonne de Montjou

Directrice de l'édition : Anne Huet

Rédaction en chef édition
Valérie Maillard

Directeur artistique : Pierre Bayle

Correction-révision
Bernard Breuil

Service Photo : Rosa Chevassu et Stéphane Correa (rédacteur en chef)

Service Infographie : Stéphane Saulnier (rédacteur en chef), Gildas des Roseaux et Jérôme Chissey

Édition : Véronique Perruchaud avec Anthony Bleux

Documentation : Sophie Guerrier

Avec la participation du service **Imagerie**

Réalisation et direction éditoriale
Pierre Doncieux

Éditeur : Robert Mergui

Directrice de la communication
Aurélie Broux

Directeur industriel : Marc Tonkovic

Responsable technique prépresse
Corinne Videau

Responsable de la fabrication
Emmanuelle Dauer

ISBN : 978-2-8105-0916-4
Achevé d'imprimer en avril 2021
sur les presses de l'imprimerie Pollina, France

Contributeurs

BORIS CYRULNIK
est neuropsychiatre, psychanalyste, éthologue, directeur d'enseignement à l'université de Toulon, vulgarisateur du concept de « résilience » et amateur de rugby.

PASCALE SENK
est journaliste spécialisée en psychologie et société. Elle a été rédactrice en chef du magazine *Psychologies* et chargée de la page hebdomadaire psychologie du *Figaro santé* de 2010 à 2019.

MARC FUMAROLI
fut un spécialiste de l'Antiquité et du Grand Siècle, historien de l'art et amateur de peinture, membre de l'Académie française. Décédé le 24 juin 2020 à l'âge de 88 ans, il fut un ardent défenseur des humanités et protecteur de toute beauté capable de dilater l'âme.

JACQUES ARÈNES
Psychanalyste, il analyse les difficultés de la filiation : la possible fin du « principe paternel » et la recomposition des rôles qui l'accompagne. Il est l'auteur du récent essai *L'Art secret de faire des enfants* (Cerf, 2021).

STÉPHANE KOVACS
est journaliste au *Figaro* depuis plus de vingt ans. D'abord au service étranger, elle a rejoint le service société en 2012. Grand reporter, elle traite aussi bien des sujets famille qu'éducation ou laïcité.

AGNÈS LECLAIR
est grand reporter au *Figaro*, spécialiste des sujets famille, et écrit sur la bioéthique, la parentalité, la démographie, le grand âge et le handicap au service société depuis 2007. Elle a reçu le prix Journaliste en Nord, en 2011.

EMMANUEL SAPIN
est professeur de médecine, chef du service de chirurgie pédiatrique et néonatale au CHU de Dijon et coauteur de la première chirurgie fœtale réalisée en Europe.

EUGÉNIE BASTIÉ
est journaliste aux pages débats et opinions du *Figaro,* où elle suit la vie des idées et s'entretient avec des philosophes, des sociologues, des historiens, des psychologues. Elle a publié *La Guerre des idées* (Robert Laffont, 2021).

MICHEL DESMURGET
est spécialiste en neurosciences cognitives et dirige, au CNRS, une équipe de recherche sur la plasticité cérébrale. Il est également auteur de *La Fabrique du crétin digital. Les dangers des écrans pour nos enfants* (Seuil, 2019).

MADELEINE METEYER
est journaliste au *Figaro*, chargée de la rubrique parentalité au service société depuis un an. En 2021, elle a publié un roman, *La Première Faute* (JC Lattès), qui raconte un mariage aux bases peu solides.

CHANTAL DELSOL
est philosophe, professeur, spécialiste de l'histoire des idées politiques et membre de l'Institut. *Le Crépuscule de l'universel* (Cerf, 2020) est son dernier ouvrage paru.

MARIE-ESTELLE PECH
est journaliste au service société du *Figaro*, spécialiste des questions éducatives depuis 2006. Elle est auteur de *L'École de la triche* (L'Éditeur).

ALAIN BENTOLILA
est professeur et coordonne une équipe de chercheurs en linguistique à l'université Paris-Descartes. Il est l'auteur de *Nous ne sommes pas des bonobos* (Odile Jacob, 2021).

CAROLINE BEYER
est reporter au service société du *Figaro* depuis 2012, après avoir écrit durant sept ans pour le service économie. Spécialisée sur les questions d'éducation, de la maternelle aux grandes écoles, elle couvre également la politique éducative menée par Jean-Michel Blanquer.

Didier Pleux
« Les parents doivent toujours peser plus lourd que les enfants »

Le psychologue* s'interroge sur la prolifération des enfants tyrans et invite à restaurer une certaine asymétrie dans les familles. À rebours de Françoise Dolto, papesse de l'éducation des enfants et de la psychanalyse depuis les années 1970.

Propos recueillis par Guyonne de Montjou

LE FIGARO. - À quel âge considérez-vous que l'enfant n'est plus à éduquer ?

Didier PLEUX. - Une étude conduite par des neurologues de l'université de Cambridge en 2019 établit à 30 ans l'âge de maturité du cerveau. Si le cerveau humain continue sa construction aussi tardivement, peut-on en déduire qu'avant cet âge, nous ne pourrions pas être pleinement responsables de nos actes ? Dans notre culture, il existe parfois une rupture éducative à la fameuse « crise d'adolescence ». Cela me semble aberrant : un adolescent de 16 ou de 18 ans n'est probablement pas mature pour s'autoréguler. À ces âges, l'être humain n'a pas encore toutes les capacités mentales pour vivre une pleine autonomie : son cerveau « émotionnel », le plus primaire, dicte encore, avec force, tous les comportements. Le cortex préfrontal (lieu de réflexion) n'est pas arrivé à maturité et l'adolescent peut difficilement se distancier de ses émotions, prendre du recul et pouvoir remettre en cause sa façon d'être. Il ne possède pas encore ce stade de développement de l'intelligence dit « formel », selon le modèle de Piaget, qui lui permettrait de réfléchir de façon abstraite, d'accepter le doute, de se penser et de penser autrui.

Quand l'enfant devient un petit adulte, quel levier d'autorité préconisez-vous ?

Il me paraît souhaitable que les parents ne baissent pas la garde en cette période de déséquilibre qu'est l'adolescence. Ils peuvent tenir comme principe : tant que tu es sous mon toit, tu es sous ma loi. Tant que l'enfant n'est pas indépendant financièrement, c'est-à-dire vraiment autonome, il ne peut que respecter les valeurs familiales et donc, d'une certaine façon, il doit obéir à ses parents.

Nous assistons à une vague de dénonciation des incestes et des actes de pédophilie. Un certain milieu libertarien post-Mai 68 est montré du doigt. Sommes-nous en train de faire le procès de Françoise Dolto ?

J'avais remarqué que Françoise Dolto était signataire de la lettre ouverte dans *Le Monde* du 26 janvier 1977 qui défendait le droit des adultes à avoir des relations sexuelles avec des enfants de moins de 15 ans. Certainement, ce texte constituait pour elle une étape vers le respect absolu du désir de l'enfant, quel qu'il soit, dans le sillage de la grande remise en cause de 1968. Nous sommes toujours les héritiers de cette grande permissivité éducative. Culturellement, Mai 68 dénonçait avant tout l'autoritarisme, la dictature des plus forts sur les plus faibles. Et si certaines revendications semblaient justes, comme la condamnation des censures d'une pensée unique de l'époque, la dénonciation des guerres dites « impérialistes » ou la volonté d'une plus grande égalité pour atténuer les différences de « classes », un véritable dogme a vu le jour : toute autorité est avilissante d'où le célèbre « *Il est interdit d'interdire !* ».

Quels principes de Françoise Dolto contestez-vous ?

Dolto est partie du concept que l'enfant était naturellement bon et que toute éducation allait le dénaturer, l'éroder, le gâcher. Dans le contexte d'autoritarisme parental d'antan, elle avait peut-être raison. Aujourd'hui, selon moi, ce principe s'avère faux. L'enfant ne naît ni bon ni méchant, mais il est programmé « biologiquement » pour la satisfaction de son plaisir. L'empathie, par exemple, n'est pas « innée », comme on l'entend souvent, elle n'a rien de naturel, elle s'apprend. D'où une deuxième irrationalité chez Dolto : le moins de pression parentale possible, pas de « hiérarchie » dans la famille, elle a cru que la verticalité détruisait l'enfant. Je suis persuadé de l'inverse. Enfin, Dolto partait du principe que si un enfant bénéficiait d'un attachement sécurisé, de beaucoup

« L'enfant ne naît ni bon ni méchant, mais il est programmé "biologiquement" pour la satisfaction de son plaisir »

d'amour, il allait s'épanouir plus tard. C'est, selon moi, une vision romantique irrationnelle : l'attachement affectif, bien sûr, est très important dans la construction de l'enfant. Mais on sait très bien aussi que si on ne freine pas son côté instinctif pulsionnel au niveau de sa volonté de satisfaction immédiate, il va surtout nourrir son désir de toute puissance. Pour moi, il est sain de laisser une place au désir de l'enfant mais dans un contexte très cadrant, structurant, contraignant, et parfois aussi conflictuel pour retrouver un équilibre entre son « principe de plaisir » et le « principe de réalité ».

Les enfants de la génération Dolto sont devenus parents à leur tour. Quelles sont vos raisons d'espérer pour la nouvelle génération ?

Je suis profondément optimiste. Cette génération Dolto s'est révélée vulnérable : les enfants qu'on n'avait pas élevés - au sens premier - sont devenus des non-performants scolaires, ils ont souvent éprouvé des difficultés à trouver leur place dans le monde actuel. On les a bercés dans un monde virtuel et, ce faisant, on les a rendus faibles, trop fragiles devant les aléas, les frustrations de la vie. Devenus à leur tour parents, ils ne souhaitent pas que leurs enfants soient comme eux. Je les vois dans mes consultations : ils deviennent exigeants avec leur progéniture et réfutent la permissivité éducative qu'ils ont connue.

Quel est, selon vous, le principe essentiel à toute éducation ?

Rétablir la verticalité, d'abord, dans la relation parent-enfant : une hiérarchie dans la famille. C'est le *« nous ne sommes pas au même niveau, ma parole n'équivaut pas à la tienne, c'est moi qui décide ce qui est bon pour toi »*. Sinon, comment pourrait-on « élever » un enfant ? Il est souhaitable de respecter la singularité de l'enfant tout en exigeant qu'il respecte celle de ses parents, qui sont ceux qui apprennent, transmettent, corrigent, favorisent ou limitent tel ou tel comportement. Un autre principe qui me semble important est celui de comprendre ce que les enfants ne peuvent pas formuler. Chaque parent devrait avoir en tête que les enfants lui réclament de ne pas le laisser seul devant le monde ! De l'accompagner dans son cheminement pour qu'il apprivoise celui-ci. Voilà pourquoi il est dangereux d'être « moins parent », au risque de livrer son enfant aux écrans, qui sont souvent plus destructeurs qu'éducateurs. Enfin, j'encourage l'établissement d'un véritable « code familial », qui permet de mettre des mots sur les exigences : il faut communiquer avec son enfant pour expliciter les interdits qui le concernent.

Les parents doivent-ils dire la vérité à leur enfant ?

Je vois souvent, dans mes consultations, des enfants de petite taille ou en surpoids à qui les parents n'ont rien dit et qui se sont retrouvés dans la cour d'école devant des camarades impitoyables. Aider un enfant à s'accepter comme il est, sur le plan physique comme dans sa personnalité, est un immense atout pour lui. L'amour, c'est apprendre aux enfants le principe de réalité. Il faut passer par une éducation, dite parfois conflictuelle, qui doit rester positive : renforcer ce qui est bon, pour aider l'enfant à vivre et à s'épanouir, tout en lui disant qu'il y aura des choses à travailler et même des choses qu'il ne pourra pas changer. C'est le concept de « l'acceptation de soi » qui est, selon moi, plus réaliste que celui de « l'estime de soi » souvent trop lié à la cotation, au jugement d'autrui : s'accepter comme on est, avec ses talents et ses failles, accepter « sa réalité » ! Enfin, il est toujours préférable de valoriser le comportement et l'effort que l'enfant lui-même.

Vous parlez de verticalité dans l'éducation mais, aujourd'hui, l'horizontalité n'est-elle pas également entretenue par les écrans, soustraits au regard des adultes, que les enfants tiennent de plus en plus tôt entre leurs mains ?

Justement, c'est parce qu'on sait maintenant l'impact délétère des écrans sur les enfants et les adolescents que les parents ont un rôle clef. Il faut lire les essais de Sébastien Bohler, docteur en neurosciences, sur le « *bug humain* » ou le dernier de Gérald Bronner, qui analyse notre « *apocalypse cognitive* » : ces scientifiques qui ont compilé toutes les recherches actuelles sur l'interaction entre la maturation du cerveau de l'enfant, de l'adolescent et les réseaux sociaux, nous les décrivent en très grand danger.

Laisser son enfant devant un écran, soumis aux réseaux sociaux, sans aucune médiation adulte, revient à l'abandonner seul à ses pulsions. C'est un cercle fermé et vicieux. Il va forcément être attiré par ceux qui pensent comme lui et qui répondent à ses attentes. Prenons l'exemple des « likes », qui deviennent une drogue narcissique qu'on réclame toujours d'avantage si personne ne freine ce désir naturel d'être reconnu. Paradoxalement, parce qu'il y a les réseaux sociaux, je dirais qu'il faut encore plus de présence parentale qu'avant. Jadis, les instituteurs éduquaient, la religion ou les idéologies éduquaient. Aujourd'hui où la quête du plaisir immédiat domine le quotidien, que tout est devenu permissif, il ne reste qu'une façon d'aider nos enfants et de résister : redevenir des parents. C'est d'ailleurs le bandeau de la réédition de mon livre *De l'enfant roi à l'enfant tyran* : « *Lorsque le parent paraît* » !

À vous écouter, on comprend que l'éducation est une lutte…

L'éducation est une dynamique. Je suis un disciple de Jean Piaget et je crois que si l'enfant ne vit que dans sa zone de confort, s'il ne s'accommode jamais à son environnement (et donc ne se « frustre » pas), il ne connaîtra pas de déséquilibre et donc pas d'« équilibration majorante ». Et pour moi, le « déséquilibre » permet d'élever le « seuil de tolérance aux frustrations » de son enfant : il lui enseigne l'effort, le difficile, le « déplaisant » tout en vivant du sympathique, du facile, du « plaisant » ! C'est un peu une philosophie stoïcienne. Comme chez Marc Aurèle, qui répète : donnez-moi la force de reconnaître ce que je peux changer, et d'accepter ce que je ne peux pas changer.

Pourquoi la survalorisation de l'enfant, l'éducation dite positive, vous apparaît-elle néfaste ?

L'éducation positive ou bienveillante était nécessaire et l'est toujours pour renforcer positivement le difficile apprentissage que fait l'enfant pour entrer dans la vie. Mais on est passé d'une éducation trop autoritaire qui « négativisait » l'enfant, l'annulait, à une hypothèse éducative où les frustrations, l'éducation au « déplaisant » sont désormais absents. Nous sommes passés de la dévalorisation à la survalorisation, de la maltraitance à la surprotection, de l'ennui à la « surstimulation », de l'absence de dialogue à la « surcommunication ». Par exemple, des adultes qui interrompent leur conversation à l'apéritif pour écouter les prouesses en sport de leur enfant qui rentre de son match, c'est absurde. L'enfant ou l'adolescent ne doit pas être le centre de la famille !

«Laisser son enfant seul avec les réseaux sociaux, sans aucune médiation adulte, revient à l'abandonner à ses pulsions»

Quant à la « surconsommation » addictive qui remplace désormais le « rien », l'ennui, là aussi les parents sont appelés à la vigilance. Ils doivent dire aux enfants qui leur parlent de leurs jeux vidéo et de leur Instagram : « *Vous rendez-vous compte que, inconsciemment, vous êtes dans un circuit de récompense, d'addiction, vous êtes complètement prisonnier de ces réseaux-là ?* » et leur interdire, graduellement dans un premier temps, puis plusieurs jours, les écrans, comme un sevrage, quand ceux-ci ont pris trop de place. Les parents doivent toujours peser plus lourd que les enfants.

Le modèle de famille aujourd'hui est plutôt celui d'une structure recomposée. Est-ce à l'enfant de décréter que son beau-père ou que sa belle-mère est qualifié(e) pour être son parent ?

Une fois de plus, même si le divorce est souvent difficile à accepter pour tout enfant, ce n'est pas à lui d'approuver ou non le choix de ses parents. Comme ce n'est pas à lui de contester l'autorité d'un beau-père ou d'une belle-mère. Il est enfant et, à ce titre, il ne peut qu'accepter la réalité de la famille recomposée : désormais, d'autres enfants peuvent vivre avec moi et le partenaire de mon père ou de ma mère a le droit d'avoir autorité sur moi car ce sont des adultes qui m'éduquent. Quand il existe des dysfonctionnements dans les familles recomposées c'est que règne une « incohérence éducative » : soit, dans le cadre d'une garde alternée, quand les « ex » ne s'accordent pas sur l'essentiel, soit que les « beaux-parents » sont eux-mêmes incohérents avec les valeurs familiales jusque-là vécues dans le passé de l'enfant. Et, bien entendu, attention une fois de plus aux idées reçues ! Pour les beaux-pères et pour les belles-mères qui refusent d'être éducateurs des enfants du conjoint, je leur dirai de ne pas demander à l'enfant son avis. Un adulte doit constituer un pôle d'autorité. Je ne crois pas vraiment au lien du sang ou au lien biologique qui serait le seul justificatif pour « faire autorité », même s'il y a quelque chose forcément d'intuitif, et sans doute d'inexplicable dans la parentalité. Dans mon cabinet, j'entends des gens dire « *mais c'est ma mère quand même, c'est mon père quand même* », tandis que ces derniers leur ont fait subir des sévices. C'est un paradoxe…

A contrario, souvent en fin de thérapie, les gens, quand ils vont mieux, se disent de leur parent « biologique » qu'ils ne sont pas obligés de les aimer si ceux-ci sont toxiques. Au contraire, certains disent même : « *C'était ma mère biologique. Mais j'accepte de ne pas l'aimer parce qu'elle n'est pas aimable.* » Je crois que c'est cela la maturité. ■

**Thérapeute et docteur en psychologie, Didier Pleux dirige l'Institut français de thérapie cognitive. Il est l'auteur d'une vingtaine d'ouvrages dont, récemment, « Comment échapper à la dictature du cerveau reptilien », Éditions Odile Jacob, 184 p., 19,90 €.*

PERMANENCE ET MÉTAMORPHOSES DE LA FILIATION

« On est de son enfance comme on est d'un pays », écrit Saint-Exupéry. Sitôt qu'il naît, l'enfant hérite d'un ADN, d'une culture et d'une histoire, celle de sa famille, qu'elle soit avérée ou fantasmée. Comment les parents peuvent-ils tisser les liens indissolubles qui fondent la transmission ? Quelle est la part de l'inné et de l'acquis ? Où trouver sa liberté ?

Au Moyen Âge, les parents se préoccupaient déjà de leur progéniture. Mais l'enfant n'est devenu un objet de « passion » qu'au XIXe siècle.

Depuis quand est-il si important d'être de bons parents ?

*Par Madeleine Meteyer**

« *Les phrases à ne plus dire à son enfant* », « *50 astuces pour que mon enfant mange des fruits et des légumes* », « *J'aide mon enfant à prendre la vie du bon côté* », « *Être parent en pleine conscience* », « *Aider son enfant à bien dormir et à surmonter ses angoisses* », « *Arrêtez d'étouffer votre enfant* »... La simple lecture de cette liste épuise. Elle est courte pourtant, du moins raccourcie : des ouvrages de « coaching parental » peuplent les librairies, débordent des bibliothèques des jeunes parents.

Que prouve leur succès (certains sont des best-sellers) ? Que l'attention portée à l'enfant n'a jamais été si forte. Depuis qu'il est devenu un sujet en soi, merci Françoise Dolto, l'enfant est un objet d'études à qui de nouveaux besoins ne cessent d'être prêtés. La propagation depuis les années 1990 du néologisme « parentalité » est une autre preuve de cette attention : l'enfant ayant pris de la valeur, « parent » est devenu un métier soumis à des normes ; les novices, présumés incompétents, sont priés de se préparer.

Et avant ça ? Oh ! avant ça, la question se posait moins, l'enfant était à peu près considéré comme un tube digestif vagissant, dont on faisait peu de cas. D'après l'historien Philippe Ariès (1), il dut attendre le XVIIIe siècle pour être « découvert » et était « le plus mal aimé » de la société préindustrielle - celle d'avant

1750. La surmortalité infantile décourageait, paraît-il, l'investissement sentimental des parents ; l'infanticide, disait-il, « *n'était jamais très très loin* ». Sauf qu'Ariès s'est trompé. Lui-même l'a reconnu. À aucun moment de l'histoire humaine, il n'a été courant que les parents se disent au sujet d'un de leurs marmots « *Tiens, je me fiche bien de celui-là.* » Souhaiter le mieux pour son enfant est un souci vieux comme la reproduction. Sauf qu'il ne s'est pas toujours posé dans nos termes contemporains.

À son procès en 1431, Jeanne d'Arc raconte que sa mère lui a appris à filer, à cuisiner, mais aussi le Pater Noster et le Credo

Dans son livre *Famille et parenté dans l'Occident médiéval* (Hachette, 2000), le médiéviste Didier Lett assure qu'il y a eu « *bien avant la fin de l'Ancien Régime, non seulement de l'affection pour les plus petits mais également un véritable "sentiment de l'enfance" ainsi qu'un réel souci éducatif* ». Comment Philippe Ariès a-t-il pu minimiser les deux derniers aspects ? Guillaume Gros, l'historien spécialiste de son œuvre, a une explication : étouffé enfant par le « sentiment familial », Ariès a voulu savoir s'il était relatif à son siècle.
Il est donc allé chercher dans le passé des traces de l'affection contemporaine.

EN FAIRE UN BON CHRÉTIEN

Et lorsqu'il est tombé sur des registres où des pères ont froidement consigné le décès de leur enfant, il a supposé leur chagrin sommaire et l'importance accordée aux petits minime. Commettant ainsi « la » faute qui effraie l'historien : croire que les manières de son temps ont toujours eu cours. Si tous les pères ne trempaient pas de larmes les registres de décès, ils n'en souffraient pas moins : la mortalité infantile était plus fréquente, pas plus douce. Ainsi, au Moyen Âge, explique Guillaume Gros, « *les normes éducatives n'étaient pas les mêmes. Éduquer un enfant à cette période, c'est lui apporter le minimum pour qu'il puisse vivre si les parents meurent.* » Ce minimum, c'est bien sûr la nourriture du corps ; c'est aussi celle de l'âme.

Au Moyen Âge, les parents, les mères spécialement, enseignent le catéchisme. À son procès en février 1431, Jeanne d'Arc raconte que la sienne lui a appris à filer, à cuisiner, mais aussi le Pater Noster et le Credo (2). Avant de l'inscrire au solfège ou à la natation, il fallait assurer à son enfant une place auprès de Dieu. Par le baptême d'abord. Les parents dont le nouveau-né avait succombé avant d'avoir reçu ce sacrement devaient vivre en sachant que son âme rissolait en Enfer. Pour l'éternité, ce qui n'est pas rien. Aux XIIe et XIIIe siècles, rapporte Didier Lett, les pères et les mères ont assez insisté sur l'angoisse de cette vision pour que des théologiens inventent les limbes, un enfer édulcoré, destiné à accueillir les âmes des innocents.

Le règlement de cette culpabilité parentale intervient à une période où, en Occident, « *l'attention portée à l'enfant commence à être théorisée* », nous apprend le docteur en histoire de l'art Fabien Lacouture. Est-ce parce que certains ordres religieux, tels les Franciscains, se sont mis à insister sur l'humanité du

Christ, et donc sur sa jeunesse ? En 1143, le cistercien Ælred de Rievaulx écrit *Quand Jésus eut douze ans*, où il compose le portrait d'un petit garçon très choyé par sa mère. Est-ce aussi parce que, depuis le XIe siècle, les écoles éclosent comme des roses en mai ? Ou en raison de la redécouverte de textes antiques, parmi lesquels des traités pédagogiques ? Eh bien ! un mélange des trois facteurs.

Qui entraîne la rédaction de nouveaux ouvrages. Comme celui de Raymond Lulle, le *Livre de l'enseignement des enfants* (vers 1280), qui a l'originalité d'être en langue vulgaire et de s'intéresser à d'autres rejetons que ceux de la noblesse (lesquels étaient évidemment préparés, selon des préceptes stricts, à assurer le pouvoir). Dedans, le philosophe martèle la nécessité pour l'éducateur d'inculquer à l'enfant les vertus chrétiennes, compare les mérites des différents berceaux, conseille de laisser pleurer les bébés, de faire confiance à la nature qui « *sait mieux que la mère élever les enfants* » (3). La Renaissance, avec sa redécouverte plus profonde des textes antiques, accélérera un mécanisme déjà à l'œuvre.

Ces livres, dans lesquels les châtiments corporels étaient déjà questionnés, ont-ils pu être lus par toutes les classes sociales ? Certainement pas. Au XVe siècle, il faut fouiller les armoires des ducs de Montefeltre pour dénicher les traités qui enseignent qu'il faut « *laisser venir l'enfant vers ce pour quoi il est bon, c'est-à-dire soit les armes soit les lettres* ». Et aller à la cour de la famille Gonzague, à Mantoue, pour trouver un précepteur assez estimé pour figurer sur le portrait de famille. Mais l'écrit n'était pas tout. « *La pédagogie,* avance Fabien Lacouture, *passait beaucoup par les tableaux. Dès le XIVe siècle, on trouve des représentations d'enfants victimes d'accidents domestiques. C'est une façon de dire "Faites attention !". Certaines images étaient vues par les classes populaires. Dans les hospices où étaient abandonnés les enfants, il y avait des fresques du massacre des saints Innocents, très choquantes car très sanglantes. Elles rappelaient que ces établissements existaient pour empêcher la pire horreur qui soit : la mort d'un enfant.* »

Parmi les archives de l'hospice de Florence, des historiens ont trouvé des mots de parents disant à peu près : « *Je n'ai plus les moyens financiers de m'occuper de cet enfant et si je peux retrouver de l'argent, je reviendrai le chercher.* » Ces éléments prouvent que les parents avaient à cœur de faire au mieux. Pourtant, ils donnent partiellement raison à Philippe Ariès : la misère freinait leurs ambitions ; qu'un enfant ne meure pas au berceau était un but en soi.

DES NORMES AUX LOIS

Si « l'historien du dimanche » s'est égaré en niant le sentiment de l'enfance au Moyen Âge, « *il est,* rappelle Guillaume Gros, *à l'origine d'un véritable modèle interprétatif de l'enfance largement utilisé dans les sciences humaines* ». Et a développé d'autres thèses non discutées, comme la corrélation entre le surinvestissement affectif des parents et la révolution démographique. En bref, moins les parents ont eu d'enfants, plus ils se sont concentrés sur leur éducation. Et puis est apparue la fameuse affectivité qu'il nomme « tyrannique », au XIXe siècle.

Si elle l'est devenue, c'est que le père et la mère n'ont plus été les seuls à se pencher sur le berceau. Un troisième acteur a frappé à la porte : l'État. Celui-là avait de bonnes raisons de s'insinuer dans la sphère familiale. À la suite de la Révolution française, les institutions de charité privée ont perdu de l'influence et c'est à lui qu'a échu la merveilleuse tâche d'éponger les dégâts privés. Avant cette date, une mère qui abandonnait son enfant le remettait aux bons soins d'une communauté religieuse. Après cette date, une mère qui abandonnait son enfant le remettait aux bons soins de l'État. Qui, pour des raisons budgétaires que chacun comprendra, trouva vite urgent de s'en voir confier le moins possible. La loi du 28 juin 1793 accordera donc un secours aux filles-mères via une allocation (4). La première d'une longue série.

Depuis les années 1950, le conseil aux parents est devenu un marché et depuis les années 1990, la « parentalité » un problème public, explique Claude Martin, sociologue en charge de la chaire « enfance, bien-être et parentalité » (5). Depuis une vingtaine d'années, l'État s'applique même à « *socialiser les parents à leurs tâches parentales et éducatives.* » Dans quel but ? « *Protéger l'enfant et prévenir les conséquences négatives d'une mauvaise éducation parentale.* » Là encore, la logique est budgétaire : « *Prévenir signifie investir, pour éviter plus tard les dépenses sociales générées par ces mauvaises pratiques parentales.* » Chaque enfant est un potentiel cas social, qu'il s'agit de contenir pour éviter à la communauté de devoir le gérer. Comment ? En l'éduquant correctement ! Face à cette responsabilité colossale, les parents peuvent se rassurer : ils ne sont pas seuls.

Moins les parents ont eu d'enfants, plus ils se sont concentrés sur leur éducation. Et puis est apparue la fameuse affectivité dite « tyrannique », au XIXe siècle

Pour les guider, des normes de « bonne parentalité » ont été édictées. Elles s'appuient sur les indicateurs de bien-être de l'enfant, nés dans les années 1950 et extrêmement influents depuis les années 1990 ; ont accouché de lois comme celle du 11 juillet 2019 qui proscrit la fessée ; se trouvent dans tous ces manuels lucratifs truffés de « solutions toutes faites. » Que les parents, qui veulent bien faire depuis toujours, sont tentés d'acheter. S'ils ne les lisent pas, charge à eux d'assumer leur méconnaissance des méfaits des écrans, de l'alimentation non diversifiée, des nuits trop courtes, de la privation de dessert, des bienfaits de la colère infantile ? Être un bon parent n'a jamais été si important. Et au vu de la foultitude de critères actuels, il semble à peu près impossible de l'être. ■

(1) « L'enfant et la vie familiale sous l'Ancien Régime », de Philippe Ariès, Seuil, 1960.
(2) « Jeanne d'Arc : le procès de Rouen », de Jacques Trémolet de Villers, Les Belles Lettres, 2016.
(3) « L'enfance au Moyen Âge », de Pierre Riché et Danielle Alexandra Bidon, Seuil, 1994.
(4) « L'attitude de la société à l'égard de l'enfant », d'André Armengaud, Annales de démographie historique, 1973.
(5) « Être un bon parent, une injonction contemporaine », sous la direction de Claude Martin, Presses de l'EHESP, 2014.

**Article paru sur lefigaro.fr le 17 juillet 2020.*

Alors que la norme de deux enfants s'est imposée, 62 % de ces tribus s'estiment mal aimées.

Les familles nombreuses à contre-courant ?

*Par Agnès Leclair**

« C'*est à vous tout ça ? Vous le vouliez, celui-là ?* », « *Vous avez fait un troisième pour les allocs ?* », « *La pilule, ça vous dit quelque chose ?* » Ces petites phrases acerbes, les parents de famille nombreuse les connaissent bien. Aujourd'hui, 62 % d'entre elles disent souffrir d'une image négative, selon une enquête de l'Unaf (Union nationale des associations familiales) menée auprès de 31 912 familles (1). Jugées trop bruyantes, atypiques, voire anachroniques, ces tribus qui explosent la norme des deux enfants par foyer se sentent mal vues aujourd'hui. Mais ce sentiment de désamour ne les empêche pas de s'épanouir dans leur foyer, puisque les deux tiers des parents de grande tribu indiquent éprouver un sentiment de satisfaction supérieur ou égal à 8 quand on leur demande d'évaluer leur vie de famille.

Le jour où elle a annoncé sa quatrième grossesse, Isabelle s'est rendu compte que « famille nombreuse » ne rimait pas avec « famille heureuse » pour tout le monde. « *Qui a eu l'idée ?* » a lancé d'un ton accusateur sa belle-mère. Avant de lâcher, dans un soupir : « *Je suis anéantie.* » « *Elle pensait sans doute que nous n'étions pas capables d'élever autant d'enfants et que nous allions être submergés,* rapporte Isabelle, cadre parisienne et mère de deux filles et deux garçons âgés de 12 à 21 ans. *Les autres remarques négatives sont venues de l'école. Si j'oubliais un cahier ou une réunion, on ne manquait pas de me culpabiliser. Comme si les femmes qui font beaucoup d'enfants devaient forcément arrêter de travailler pour s'en occuper. On ne fait aucun cadeau aux mères de famille nombreuse.* »

Pourtant, aujourd'hui encore, la France compte 1,7 million de familles nombreuses, soit une famille sur cinq. Un tiers des enfants vit au sein d'une fratrie de trois ou plus (la définition de la famille nombreuse de l'Insee). Mais si les familles de trois enfants sont presque aussi fréquentes qu'il y a quarante ans, celles de quatre enfants et plus se sont raréfiées. Elles ne représentent plus que 4,5 % des familles actuelles, contre 12,2 % en 1975. « *On passe pour des familles qui négligent leurs enfants et leur avenir et accentuent leurs problèmes financiers* », décrivent des parents interrogés dans le cadre de l'enquête de l'Unaf. D'autres disent être assimilés à « *des gens qui profitent* » ou « *qui vivent des allocations au lieu d'aller travailler* ». « *Aujourd'hui, pour la majorité de la population, faire beaucoup d'enfants revient à ne pas leur donner les meilleures chances de réussite, en particulier dans les familles où les revenus ne sont pas très élevés* », note le géographe Laurent Chalard, spécialiste des questions de population.

Jugées trop bruyantes, atypiques, voire anachroniques, ces tribus qui explosent la norme des deux enfants par foyer se sentent mal vues

Le visage des familles nombreuses a changé : une sur six est aujourd'hui recomposée

Les clichés sur les parents « très cathos » - à l'image de la famille Le Quesnoy dans le film *La vie est un long fleuve tranquille* - ou sur les immigrés à la tête d'une ribambelle d'enfants sont en revanche moins ancrés qu'il n'y paraît. « *Les références à une image passéiste, traditionaliste, religieuse ou de fécondité non maîtrisée* » sont « *plus rares* », note l'enquête de l'Unaf. Tout comme « *les références à l'immigration* » qui seraient « *marginales* ». Il faut dire que le visage des familles nombreuses a changé ces dernières années puisqu'une sur six est aujourd'hui recomposée.

« *Nous sommes à contre-courant de l'individualisme actuel. On nous regarde comme des bêtes curieuses,* explique pour sa part Jean-Christophe, 52 ans, père de sept enfants âgés de 12 à 27 ans. *Quand nos enfants étaient plus jeunes, certaines personnes ne se privaient pas de nous dire que nous n'avions pas assez réfléchi au coût que cela allait représenter.* » Une désapprobation qui va parfois au-delà de la simple remarque désagréable. « *En province, un de nos voisins considérait que notre appartement de 120 m² n'était pas assez grand pour loger 9 personnes,* poursuit cet ingénieur. *C'est devenu complètement irrationnel. Il disait que nous n'étions pas aux normes sanitaires et qu'il allait nous dénoncer aux services sociaux !* » Mais c'est à Paris, où sa famille est retournée vivre quelques années plus tard, « *que la pression malthusienne se fait le plus sentir* », estime ce père de famille. Certes, avoir autant d'enfants demande de faire quelques concessions, admet-il aussi. Enseignante, sa femme a fini par opter pour un mi-temps. La famille a aussi fait une croix sur nombre de loisirs payants, sur les voyages au long cours et les études supérieures dans les écoles privées.

« *Cela n'empêche pas les enfants de réussir. Et notre vie leur a apporté bien d'autres qualités comme la solidarité, le sens du collectif ou l'ouverture aux autres…* », met-il en avant. Quand on demande aux familles nombreuses de lister leurs difficultés au quotidien, 58 % d'entre elles disent avoir du mal à respecter et tenir leur budget familial et 39 % peinent à concilier leur vie professionnelle et leur vie de famille, selon l'enquête de l'Unaf. Mais ces problèmes sont également cités par les familles de deux enfants, quasiment dans les mêmes proportions.

« Notre vie de famille a apporté aux enfants des qualités comme la solidarité, le sens du collectif ou l'ouverture aux autres »

Trouver du temps pour soutenir chaque enfant quand il en a besoin apparaît par contre comme une difficulté spécifique aux tribus à rallonge. Un exercice d'équilibriste que Marie, infirmière puéricultrice et maman de quatre enfants, juge primordial. « *J'étais moi-même l'aînée d'une fratrie de neuf où je me sentais un peu dépossédée de mes parents. Je fais donc très attention à laisser mes enfants respirer hors de la communauté. J'essaye de percevoir et de développer le talent de chacun* », explique-t-elle. « *Chaque naissance apporte une joie immense*, insiste aussi Marie. E*t je ne reçois pas que des remarques négatives. Les familles nombreuses suscitent aussi beaucoup d'admiration et véhiculent des valeurs positives de solidarité.* » ■

(1) En partenariat avec la Caisse nationale des associations familiales et via un questionnaire diffusé en avril 2017.

**Article paru dans* Le Figaro *le 29 avril 2019.*

LA MÉDAILLE DE LA FAMILLE

Créée en 1920 pour récompenser les personnes qui élèvent ou qui ont élevé « dignement » de nombreux enfants, la médaille de la famille est toujours remise par des maires à travers toute la France. Lors de leurs mandats, Nicolas Sarkozy et François Hollande avaient profité de cette cérémonie, dans la salle des fêtes de l'Élysée, pour faire des discours de politique familiale. Un exercice auquel ne s'est jamais livré Emmanuel Macron qui a fait supprimer, dès 2017, cette cérémonie.

Focalisés sur leur progéniture, de plus en plus de conjoints délaissent la relation amoureuse et étouffent leur couple.

Quand l'enfant porte le couple parental

*Par Pascale Senk**

Lorsque l'un de nos désirs devient un objectif princeps, le commerce s'en occupe. Pas de raison que le désir d'enfant échappe à cette loi du marché. Ainsi, de nouveaux sites proposent désormais sur le net à celles et ceux qui rêvent d'enfanter de les mettre en lien avec ceux et celles qui pourraient le leur permettre. Les annonces y abondent : « *Cherche un géniteur ou coparent pour pouvoir réaliser mon rêve* » ; « *Femme cherche père à son fils* »… Comme l'annonce le communiqué de presse de coparentalys.com, « *le concept est simple : il suffit de s'inscrire, de compléter son profil pour préciser ses attentes, et hop, il ne reste plus qu'à entrer en contact avec de futurs géniteurs !* » (*sic*).

Quoique encore extrême, la vision d'hommes et femmes qui ne se fréquenteraient que pour enfanter, et au mieux éduquer ensemble leur progéniture, se diffuse peu à peu dans les esprits. Au point de se retrouver à des degrés moindres chez certains couples apparemment constitués de manière plus traditionnelle ?

Jean-Paul Sauzède, psychothérapeute, qui vient de publier avec son épouse, Anne Sauzède-Lagarde, le livre *Pratiquer la thérapie de couple* (InterÉditions), l'observe quotidiennement : dans de nombreux foyers, c'est « tout pour l'enfant » : « *C'est un phénomène de plus en plus courant : le couple s'investit comme s'il existait seulement à travers ce tiers et manque peu à peu d'épaisseur. Bien sûr, l'ambition de devenir parents est l'un des beaux projets de l'aventure à deux, mais les partenaires doivent aussi pouvoir répondre de manière plus large à la question :*

"Qu'est-ce que vous faites d'autre ensemble ?" Or de nombreuses unions ont du mal à se déployer hors des activités parentales : certains partenaires nous le révèlent, "en dehors de consommer et d'élever les enfants, il n'y a pratiquement rien entre nous". »

Ce rétrécissement de l'investissement affectif a plusieurs coûts. D'abord, il étouffe le couple : « *Sans projet, toute union devient un agrégat qui ne vit pas* », estime Jean-Paul Sauzède. Mais ce sont aussi les enfants qui vont manifester des signes d'asphyxie, sous forme de symptômes et/ou de comportements tyranniques. La psychologue Béatrice Copper-Royer mesure un tel phénomène dans ses consultations : « *Les enfants que nous recevons aujourd'hui croulent sous les attentes de leurs parents à leur égard. D'une part, ils doivent les combler sur le plan narcissique en réussissant très bien, en étant sans failles, bons en tout, sources d'émerveillement auprès des proches, des amis... voire pourquoi pas, en étant diagnostiqués "précoce" ou "haut potentiel". Mais ils doivent aussi procurer du réconfort affectif à leur parent, soit que celui-ci les élève seul, sans autre lien aimant, soit qu'il ne s'entende pas avec son conjoint.* »

Résultat : des enfants manifestant notamment des troubles du sommeil et qui, à 12 ans, se glissent en pleine nuit dans la chambre parentale pour réveiller les adultes. « *Ils manquent singulièrement d'empathie,* observe Béatrice Copper-Royer, *et il suffit de leur dire que leurs parents ont besoin de dormir une nuit entière pour qu'ils comprennent la nécessité de ne pas les réveiller. Mais les parents ne pensent même pas à leur dire cela !* »
Pour la psychologue, auteur, entre autres, du livre *Le jour où les enfants s'en vont* (Éditions Albin Michel), « *la séparation devient compliquée pour cette génération, notamment à l'adolescence. Beaucoup semblent maintenus dans une immaturité psychoaffective et souffrent de rencontrer de véritables contraintes de travail, d'effort, ou de cadre, notamment dans leur vie scolaire. À la maison, en leur demandant depuis l'enfance de choisir tout, on en a fait des "décideurs". Un jour, ils doivent abandonner cette toute-puissance... et cela leur est difficile.* »

«À la maison, en leur demandant depuis l'enfance de choisir tout, on en a fait des "décideurs"»
BÉATRICE COPPER-ROYER

Dans l'autre sens, cette difficulté de séparation existe aussi, les parents devant comprendre que les enfants les quitteront un jour. Cette échéance souhaitable doit-elle être rappelée, afin de délester les enfants de la « colle » affective qui les maintient comme seul socle du couple parental ? « *Nous invitons les conjoints à être inventifs,* explique Jean-Paul Sauzède. *Comment peuvent-ils remettre du mouvement et du vivant dans leur relation et aussi exister seuls, chaque partenaire ayant des activités, des moments à lui pour se retrouver ?* » Et le thérapeute de rappeler que le couple doit « respirer », en alternant des temps de fusion et de différenciation. L'enfant aussi, est-il besoin de le rajouter, ne peut que profiter de cet « élan respiratoire ». ■

**Article paru dans* Le Figaro santé *le 28 octobre 2019.*

Dans son dernier livre, « L'Avenir du père », le psychanalyste, ancien élève de Jacques Lacan, propose une réflexion sur la fin du modèle patriarcal occidental.

Jean-Pierre Winter
« Tout père est à la fois fascinant et décevant »

*Propos recueillis par Pascale Senk**

LE FIGARO.- Le titre donné à votre ouvrage est-il plutôt optimiste ou pessimiste ?

Jean-Pierre WINTER. - Je pense qu'il est équivoque parce que, réellement, je ne sais pas comment la situation des pères va évoluer. De mon poste de témoin, je ne peux que constater certaines évolutions inquiétantes, comme l'orientation de la société vers l'autorisation légale à ne pas avoir de père, mais, d'un autre côté, je crois en la capacité de réinvention de la réalité et au fait que la vie a une imagination plus riche que nous. Cependant, je ne peux que constater combien la fragilité des pères va en s'accentuant, et que cet effacement du père a des conséquences pour nous tous. Si l'on ne sait pas très bien ce qu'est un père, car chacun (sociologue, moraliste, juriste ?) en a une approche spécifique, j'observe ce que c'est que de ne pas en avoir, car je reçois des personnes qui en souffrent dans leur identité.

En quoi la position paternelle est-elle fragile ?

D'abord parce qu'ils n'enfantent pas, les pères se trouvent traditionnellement démunis par rapport aux femmes. Françoise Dolto le soulignait : « *Il est plus difficile d'être un homme qu'être une femme.* » Alors que le lien entre la mère et l'enfant s'établit de manière naturelle, celui avec le père est le fruit d'une construction intellectuelle. Aujourd'hui, avec le phénomène des mères porteuses, ou donneuses d'ovocytes, cette évidence du lien maternel est elle-même battue en brèche. Mais depuis toujours, pour le père, c'est ainsi : comme on ne le connaît pas par les sens, on est obligé de le « créer dans sa tête ». C'est pour cela que chacun a toujours au moins deux pères dans son économie psychique : celui qu'on s'est raconté dès l'enfance et celui avec lequel on vit au quotidien. Ajoutez à ces deux instances le père symbolique, celui issu de la lignée de tous les pères qui, un jour, déchoit de sa fonction car il s'avère ne jamais être à la hauteur de l'idée qu'on s'en faisait ? Et vous pouvez toucher à cette complexité de l'image paternelle dans le psychisme.

Vous écrivez d'ailleurs qu'il y a une ambivalence constitutive de toute relation au père. Pourquoi ?

Tout père est à la fois fascinant et décevant. D'abord, il tire sa force du désir que lui porte (généralement) la mère. Il est un rival, un gêneur dont l'enfant a en même temps envie d'être aimé. Ce sont donc des sentiments très mêlés qu'il suscite. Et, que l'on soit garçon ou fille, il est très important d'entrer en conflit avec cette figure forte. Car la vie est difficile et s'exercer à affronter un tel obstacle est formateur.

Qu'apporte plus spécifiquement le père ?

Avec la mère, et les sensations éprouvées dans le cocon maternel, l'enfant peut avoir l'impression d'être dans le connu. Le père, c'est l'étranger, il ouvre sur un inconnu à déchiffrer. Il incarne l'insaisissable, tout ce qui fait l'altérité absolue et empêche la confusion née de la négation des différences dans la construction de l'identité.

Mais dans son rôle de tiers qui sépare la mère et l'enfant, le père ne peut-il pas être remplacé ?

Il y a un syllogisme actuel qui laisse entendre que comme le père est un tiers, tout tiers pourrait devenir père. Ainsi de nombreuses femmes seules affirment qu'un parrain, un beau-père peuvent servir de modèles à l'enfant. De modèles masculins, oui. Mais pas paternels ! Car la spécificité du père, c'est d'être celui que la mère désigne mentalement comme géniteur, d'avoir contribué à la mise au monde de l'enfant sans enfanter lui-même. Aujourd'hui, on peut donc considérer que les médecins et autres techniciens de la PMA deviennent les pères des enfants à venir. Et trop souvent, on confond les pères avec des « maîtres ». Car ceux qui n'ont pas appris à être frustrés par un père vont chercher à se décharger de leur surmoi cruel et envahissant par des chefs de bandes violents, ou vont se soumettre à des leaders autoritaires. Voire, tel qu'on l'observe chez de nombreux djihadistes, ils resteront entre frères pour détruire et tuer. ■

**Entretien paru dans* Le Figaro santé *le 14 janvier 2019.*

ÉLEVÉ PAR UN PÈRE RESCAPÉ DE LA SHOAH ET MUTIQUE SUR LE SUJET, JEAN-PIERRE WINTER, AUJOURD'HUI ÂGÉ DE 70 ANS, EST DEVENU UN PSYCHANALYSTE PASSIONNÉ PAR LA FILIATION ET L'ART DE TRANSMETTRE : « LE SILENCE PARENTAL POUR UN ENFANT, C'EST COMME S'IL MARCHAIT AU-DESSUS D'UN ABÎME ».

Retraitée ou active, avide de voyages et d'aventures, la nouvelle génération de seniors n'est pas prête à tous les sacrifices pour ses petits-enfants.

L'art d'être grands-parents aujourd'hui

*Par Isabelle Basset**

Ils se font appeler « Many, Paprock, Grand-Dad, Mamounette » mais surtout pas « Pépé » et « Mémé ». En France, 8,9 millions de femmes et 6,2 millions d'hommes sont grands-parents (chiffres Insee).

En moyenne, les premières le deviennent à 54 ans et les seconds à 56 ans, soit deux ans et demi plus tard qu'en 1998, mais avec un âge de départ à la retraite qui ne cesse de reculer. Autant dire que pendant quelques années encore, ces jeunes seniors seront au travail. Et c'est cela qui change le plus par rapport aux générations précédentes. Si les petits-enfants d'autrefois voyaient les grands-pères rentrer du bureau, des champs ou de l'usine, leur grand-mère, en revanche, était souvent là pour les accueillir. Enfin, en tout cas, jusque dans les années 1970, où seulement 50 % des femmes de 25 à 59 ans exerçaient une profession. Ensuite, la situation a basculé, et les grands-mères au foyer sont devenues minoritaires. Aussi l'image de la « mamie confiture », toujours disponible pour garder les bouts de chou, correspond plutôt aux aïeules des nouveaux grands-parents. Au grand dam parfois des jeunes parents. « *Ils regrettent parfois que leurs parents ne soient pas aussi disponibles qu'ils l'aimeraient,* constate la psychologue Béatrice Copper-Royer, auteur de *Grands-Parents, le maillon fort* (Éditions Albin Michel). *D'autant que ces jeunes pères et mères appartiennent à une génération qui a été attendue, désirée, et qui a été l'objet d'attentions plus fortes. Ils ont vécu dans une intimité plus importante avec leurs parents que ceux qui les ont précédés. Dès lors, lorsqu'ils deviennent parents à leur tour, ils souhaiteraient voir ce lien se prolonger à travers leur enfant. Ils s'attendraient à être davantage soutenus et entourés. Ils peuvent éprouver de la déception et de l'incompréhension lorsque ce n'est pas le cas. »*

Le surnom « Chicouf » est en vogue chez les jeunes grands-parents : « Chic, il arrive ? Ouf, il repart ! »

ACTIFS ET POURTANT ?

Pourtant, les nouveaux grands-parents ne se désintéressent pas de leur descendance. Tant s'en faut ! Si 2 % seulement des enfants de moins de 6 ans sont gardés toute la semaine par leurs soins, deux tiers de ces bambins leur sont confiés occasionnellement, pour un total de 23 millions d'heures d'accueil hebdomadaires ! Telles étaient les constatations de la Drees (Direction de la recherche, des études, des évaluations et des statistiques) en juin 2018. Vacances, week-ends, mercredis, maladies ? Les occasions ne manquent pas de dépanner les jeunes parents débordés. « *Dans beaucoup de familles, les grands-parents restent le maillon fort,* estime Béatrice Copper-Royer. *Il n'est pas rare que les enfants que je reçois le mercredi soient accompagnés par leurs grands-parents* », constate-t-elle.

Maillons forts, ils le sont aussi parfois pour leurs parents âgés dépendants et doivent jongler alors entre les deux générations pour trouver le temps de souffler. « *Ma fille ne se rend pas compte !* confie Alexia, 58 ans. *Mes semaines passent à toute vitesse. Je dois jongler entre mon travail de comptable et ma mère qui est seule et commence à perdre la mémoire. Je suis inquiète et je passe tous les soirs pour voir si tout va bien. J'aimerais bien garder plus souvent mon petit-fils, car il grandit vite, j'ai l'impression de ne pas suffisamment en profiter. Mais le week-end, je suis épuisée. Alors, de temps en temps, je pose un mercredi, et chaque année, mon mari et moi l'emmenons en vacances une semaine. Il m'arrive également de dépanner ses parents lorsqu'il est malade. Mais mes RTT ne sont pas extensibles !* »

Et quand bien même elles seraient à la retraite ou sans emploi, ces grands-mères, tout comme leurs compagnons, tiennent à leur indépendance. Pas question de renoncer à son cours de gym, à ses vacances personnelles. Encore en forme, ces « jeuniors » veulent profiter de la vie sans culpabiliser.

Hélène, 63 ans, retraitée, a même adopté, pour son petit-fils adoré, un surnom : « Chicouf », en vogue chez les jeunes grands-parents : « *Chic, il arrive ? Ouf, il repart !* » Ravie d'accueillir régulièrement Jules, 3 ans, de partager avec lui des moments tout doux faits d'histoires racontées et d'initiation au jardinage, elle

POUR LES NOUVEAUX ARRIÈRE-GRANDS-PARENTS, L'ARRIVÉE DU PETIT DERNIER DE LA FAMILLE EST UNE VÉRITABLE PROJECTION DANS L'AVENIR (PHOTO DE JANINE NIÉPCE).

reconnaît une forme de stress. « *Lorsque nous sommes dans le même lieu, sa mère et moi, ce n'est pas toujours simple. Il y a des choses que j'ai envie de dire, et que je ne peux pas dire sur l'éducation. Et puis, à 3 ans, il faut le surveiller. Je trouve que les enfants d'aujourd'hui sont surstimulés, ils ne savent plus se poser, s'ennuyer, rêver. Ils demandent beaucoup d'énergie. Or, quand je vois ma mère, qui a été grand-mère de mes filles très jeune, je me dis que ce devait être plus facile, peut-être, physiquement.* »

Les enfants changent parce que la société change. Ses bouleversements touchent aussi les grands-parents. Aujourd'hui, 46,7 % des mariages se terminent par un divorce (chiffre Institut national d'études démographiques, 2016) suivi parfois par un remariage (80 000 remariages en 2017). Ce qui signifie que les enfants, dans les familles recomposées, peuvent être dotés de huit grands-parents : les parents de leur mère, de leur père, de leur belle-mère et de leur beau-père. « *En la matière, il n'y a pas de règle,* constate Béatrice Copper-Royer. *Parfois, la greffe prend très bien ; parfois, c'est plus compliqué. La capacité d'accueil des grands-parents peut dépendre de la façon dont ils ont vécu le divorce de leur propre enfant. Mais, lorsqu'ils gardent leur neutralité, leur maison peut devenir aussi le lieu de rencontre de tous, le lieu où se constitue véritablement le sentiment de faire famille.* »

Même chose dans les cas d'adoption, de PMA, de différences culturelles ou d'homoparentalité. « *Il est très intéressant de constater que les grands-parents d'aujourd'hui ont une très bonne capacité d'adaptation*, poursuit la psychologue. *Au nom de l'harmonie familiale, ils s'adaptent à toutes les situations.* »

Cette souplesse peut toutefois s'accompa-

« La grand-parentalité, c'est la cerise sur le gâteau de la dernière partie de la vie ! »
BÉATRICE COPPER-ROYER

gner d'inquiétude. Hélène, par exemple, même si elle s'est réjouie de la grossesse de sa fille, en couple avec une femme, se pose quelquefois des questions. « *J'ai peur que mon petit-fils n'ait pas de référent masculin, je me demande ce qui va se passer plus tard à l'école, au collège, quelles questions il va se poser, et comment je peux y répondre.* » Pourtant, comme le montre une étude publiée en 2005 dans la revue scientifique *La Psychiatrie de l'enfant*, c'est bien dans les interactions symboliques entre les trois générations de la famille que ces enfants issus de couples homosexuels trouvent leur place, se construisent et s'épanouissent.

Se confronter aux mutations, c'est aussi rester en prise avec le monde tel qu'il va, l'un des grands avantages de la fonction des grands-parents. Débarrassés de l'éducation, ils peuvent profiter sans arrière-pensée de cette reconnexion avec l'enfance, avec la jeunesse. Comme le dit joliment Béatrice Copper-Royer : « *La grand-parentalité, c'est la cerise sur le gâteau de la dernière partie de la vie !* »

Accompagner les grands-parents dans leur nouveau rôle, c'est la mission que s'est donnée Sophie Gaillet dès lors qu'en mettant sa première fille au monde, elle a fait de sa mère une jeune grand-mère. Elle a ainsi fondé deux sites internet. L'un (grand-mercredi.com) fourmille d'informations et d'idées pour occuper les mercredis et les vacances tout en transmettant des valeurs et l'histoire de la famille. « *Les grands-parents sont souvent axés culture, mais une visite au musée avec des petits, ça se prépare. Nous leur donnons des astuces pour la rendre ludique.* » Autre idée : « *Le jeu de la petite librairie. C'est une sorte d'atelier où chaque enfant va fabriquer son livre. Il suffit de deux morceaux de carton épais pour la couverture. Ensuite, on demande à l'enfant de s'inventer un nom d'auteur, puis de créer son héros et un thème. Selon ses envies et ses capacités, il écrira ou dessinera l'histoire. Ce jeu s'adapte à tous les âges !* »

Sophie Gaillet a d'autres trouvailles, aussi citoyennes qu'intergénérationnelles : en matière d'activités, par exemple, au lieu du traditionnel herbier, pourquoi ne pas ramasser ce qu'on peut rapporter et en fabriquer des objets rigolos ? Transmettre des valeurs, partager de bons moments, c'est tout l'art d'être grands-parents.

L'autre site (grands-parents-maintenant.com) propose trois programmes de formation en ligne : la première formation (Grands-parents prudents) enseigne en trois heures les premiers secours. La deuxième formation (Mission transmission) permet de se former aux techniques de base de l'écriture afin de savoir transmettre par écrit son histoire. La troisième formation (Dans l'air du temps) donne les informations indispensables aux grands-pères et grands-mères qui veulent comprendre la vie de leurs petits-enfants. « *Par exemple, nous leur expliquons les programmes scolaires, car ils ne savent pas forcément qu'en CE2, on apprend à coder. Nous leur parlons des nouvelles méthodes de puériculture, mais aussi des nouveaux outils de communication* », explique la créatrice du concept. Une bonne façon de cultiver le lien.

ARRIÈRE-GRANDS-PARENTS : UN RÔLE À INVENTER

Grâce à la progression de l'espérance de vie, les enfants ayant la chance de connaître au moins un de leurs arrière-grands-parents ne sont plus des exceptions. Certes, les statistiques manquent sur le sujet, mais il suffit d'ajouter vingt-cinq ans (le temps d'une génération) à la moyenne d'âge de l'entrée dans la grand-parentalité pour se rendre compte que l'âge moyen des bisaïeuls est de 80 ans à la naissance de leurs arrière-petits-enfants. Un âge pas encore canonique d'après les critères d'aujourd'hui.

Pour ces nouveaux arrière-grands-parents, l'arrivée du petit dernier de la famille est une véritable projection dans l'avenir, comme le raconte Françoise Sauvage, vice-présidente de l'association Old'Up ! Génération des vieux debout, qui, à 87 ans, est déjà deux fois arrière-grand-mère et attend le prochain bébé de son petit-fils pour bientôt. « *C'est une grande attente, un grand espoir, et une grande joie lorsque ça arrive !* s'enthousiasme-t-elle, avant de nuancer. *Il y a parfois aussi un petit regret : celui de ne plus avoir la capacité ou la force de dire à sa petite-fille ou à son petit-fils : "Laisse-le-moi, je vais le garder".* »

Pour autant, même s'il n'est plus possible d'être aussi disponible pour dépanner les nouveaux parents, les liens sont là. Les tout-petits sont, en général, séduits par le contact avec les vieilles personnes. Peut-être parce qu'elles sont plus calmes, peut-être aussi parce qu'elles ont un visage plus souriant car elles n'ont plus les mêmes responsabilités.

Les bisaïeuls sont aussi la mémoire de la famille, les témoins des temps anciens. Pourtant, si les arrière-petits-enfants attendent d'eux un lien avec leur histoire, voire avec la grande histoire, dans l'autre sens, ils apportent à leurs ascendants une ouverture sur le monde. « *Avec eux, on a l'obligation de comprendre le présent, de rester en contact avec la société, c'est une fenêtre sur le futur* », soutient Françoise Sauvage. ■

Les tout-petits sont, en général, séduits par le contact avec les vieilles personnes. Peut-être parce qu'elles sont plus calmes...

**Article paru sur lefigaro.fr le 19 juillet 2019.*

Tout occupés à créer des enfants parfaits et « performer » dans leur rôle éducatif, certains parents freineraient leur épanouissement.

Familles contemporaines : des cocons trop serrés ?

*Par Pascale Senk**

Aujourd'hui, des familles, il y en a de toutes sortes : recomposées, monoparentales ou plus « traditionnelles », fondées par des couples hétérosexuels ou de même sexe et/ou adoptants… Et si plus de 75 % des 14 millions d'enfants mineurs vivent en permanence avec leurs deux parents, 18 % vivent avec un seul parent, 7 % avec parent et beau-parent, 16 % n'habitent jamais chez leur père, 2 % jamais chez leur mère (enquête Via Voice pour l'Ocirp, « La famille en 2017 : état des lieux et vision prospective », réalisée en ligne du 13 au 21 avril 2017).

Les combinaisons sont infinies et, en pleine mutation, la formule « famille » semble appelée à sans cesse s'inventer. Malgré cette diversité de formes, une tendance semble cependant dominer, alertant de nombreux professionnels : le recentrage du groupe familial sur l'enfant, au point que ce lieu de croissance et d'ouverture au monde devient dans bien des cas un cocon fermé, replié sur lui-même. Ce que la psychanalyste Laura Pigozzi appelle la « *famille all inclusive* ». « *Dans ce joyeux cloître, tout, y compris se divertir, se pratique en commun,* écrit-elle. *Les membres de la famille voyagent, vont au restaurant, prennent leurs vacances ensemble, même si les enfants sont en âge de le faire tout seul, ce qui serait plus approprié.* » Sous cette apparente « parité » entre membres, la psychanalyste diagnostique surtout l'effacement de la différence des générations, si précieuse pour que l'enfant se sente grandir en sécurité, auprès d'adultes plus expérimentés que lui.

L'ENFANT, RAISON D'ÊTRE

Pour Daniel Coum, psychologue clinicien, psychanalyste et directeur de l'association Parentel à Brest (www.parentel.org), qui offre notamment un service d'aide psychologique par téléphone, ce repli de la famille sur elle-même n'est pas une donnée nouvelle. « *Nous qui travaillons dans la protection de l'enfance sommes souvent confrontés à ce grand classique : plus une famille est en difficulté, plus elle a tendance à se refermer sur elle-même. Mais ce qui semble source de difficultés nouvelles, c'est l'extrême centration des parents sur l'enfant, au point qu'ils surinvestissent la fonction parentale.* »

Plus que jamais désiré, attendu, projeté, l'enfant est devenu l'alpha et l'oméga de la famille, pour ne pas dire sa raison d'être et son leader. Le psychiatre Bernard Geberowicz, auteur notamment du *Couple face à l'arrivée de l'enfant. Surmonter le baby-clash* (Éditions Albin Michel), l'observe régulièrement. « *Dans mon cabinet de consultation, j'ai face à mon bureau deux grands fauteuils et deux chaises. Eh bien, les enfants s'installent presque systématiquement les premiers en s'appropriant les fauteuils !* » Autre fait révélateur : peu de parents demandent à leurs enfants de leur laisser ces fameux fauteuils. « *Ils désirent tellement obtenir 5 étoiles au hit-parade de la parentalité qu'ils se retrouvent avec des enfants… parentifiés* », analyse le psychiatre.

Sous cette anecdote de chaises apparemment légère se décrypte en effet la question de la place accordée à l'enfant dans les familles d'aujourd'hui. Le « cosleeping » notamment, qui amène certains à dormir de plus en plus tardivement dans le lit de leurs parents (parfois jusqu'à l'âge de 10 ans) ; le non-recours à des baby-sitters pour les sorties nocturnes, ce qui fait que des enfants de 4-5 ans fréquentent les salles de concerts ou les théâtres. De même, la place pour manger : il est fréquent de voir des tout-petits trôner au milieu de tablées, alors qu'il y eut une époque où ceux-ci se réjouissaient de partager le repas avec des enfants de leur âge…

« *Les parents veulent tellement "profiter" de leur progéniture que leur désir n'est plus bordé, et leur fantasme d'un enfant parfait leur semble accessible*, observe Daniel Coum, *comme s'il pouvait désormais y avoir une coïncidence entre l'enfant désiré et l'enfant réel.* » Alors, comme dans l'entreprise, certains cherchent à être encore plus performants : ateliers de parentalité, lecture de manuels d'« *éducation bienveillante* », apprentissage d'une « *communication non violente* »… Tout semble bon pour se perfectionner encore davantage, quitte à friser le burn-out parental. « *Mal lus, mal compris ou pratiqués dans l'excès, ces enseignements, valables par ailleurs, risquent d'être totalement contre-productifs*, estime le Dr Bernard Geberowicz. *Car leur but n'est pas de nourrir un totalitarisme familial d'un nouveau genre.* »

Lorsque le repli sur la parentalité est trop fort, lorsqu'il y a peu d'ouverture aux autres, un autre risque pointe : l'envie des parents, un jour, de jeter l'éponge, en abandonnant carrément leur rôle éducatif. Car, comme le signale Daniel Coum, « *ce sont souvent ceux qui étaient les plus investis dans la construction d'un enfant parfait qui, un jour, s'en lassent.* » ■

**Article paru dans* Le Figaro santé *le 18 juin 2018.*

L'ouverture de la PMA aux couples homosexuels et aux femmes seules, sans critère d'infertilité, promet de modifier en profondeur notre rapport à l'enfant, selon le professeur et chirurgien pédiatrique de l'hôpital d'enfants de Dijon.

PMA pour toutes : vers un enfant produit ?

*Par Emmanuel Sapin**

Le désir d'enfant est naturel pour une femme, et pour un homme, même s'il n'est pas général. Lorsque les circonstances de la vie ont entraîné une infertilité pour un couple, la loi, tenant compte des progrès techniques effectués dans ce domaine, a permis qu'une demande de procréation médicalement assistée (PMA) puisse être faite. Or, comme toute technique, elle a son intérêt - en l'occurrence, le but recherché ici : la naissance et l'accueil d'un enfant - et ses risques ou inconvénients : un enfant produit. « Produit » car obtenu par des moyens techniques - ce qui n'enlève en rien le fait qu'il s'agit bien d'un être humain, respectable, ni la réalité de parents qu'est le couple qui a désiré cet enfant.

Avec ce projet de loi *(qui doit être voté à l'été 2021, NDLR)*, on va dépasser l'ordre naturel, non pour traiter un dérèglement pathologique, mais pour proposer une solution artificielle à une impossibilité intrinsèque. Lorsqu'un couple fertile attend naturellement un enfant, celui-ci naît tel qu'il est, le plus souvent différent de l'enfant qu'on imaginait avoir, et avec, parfois, la rude épreuve pour l'enfant et ses parents d'une pathologie, une malformation, parfois un handicap qu'il faut accueillir et accompagner. Certes, le développement du dépistage anténatal a, dans un grand nombre de cas, pu faire connaître cette anomalie durant la vie fœtale, conduisant dans certains cas à une prise en charge adaptée dès la période néonatale (voire anténatale), et dans d'autres cas, fait recourir à une interruption médicale de grossesse. Il y a donc déjà, dans cette pratique, une sorte de tri par le fait d'exercer un choix : celui-ci peut vivre, celui-là non.

Avec l'évolution sociétale, la PMA impliquant que l'enfant soit un produit de la technique, le risque est d'attendre, d'exiger un article sans défaut, nouveau paradigme du désir parental : au-delà même du « droit à l'enfant », le droit à un enfant correspondant à son attente. Ce risque n'est pas hypothétique, au futur, mais - même s'il n'est pas majoritaire - est déjà la réalité dans bien des cas. L'enfant n'est plus accueilli alors comme un don mais attendu comme un dû, aboutissement d'un contrat passé avec des scientifiques hauts techniciens de la procréation et qui doit être honoré.

« FABRIQUER PLUTÔT QUE RECEVOIR »

Si la PMA est autorisée aux personnes dont le style de vie ne permet pas d'avoir naturellement un enfant, comme cela est proposé pour les femmes homosexuelles ou les femmes seules, outre la conception idéologique d'une présence facultative du père pour la construction et l'équilibre de l'enfant, ce dont cet enfant sera privé dès l'origine - et qui est, à n'en pas douter, l'écueil principal de ce projet de loi -, la PMA sera détournée de son objectif thérapeutique. En effet, le projet initial de la PMA est de répondre à la souffrance d'une infertilité du couple. Avec ce projet de loi, on va dépasser l'ordre naturel, non pour traiter un dérèglement pathologique, mais pour proposer une solution artificielle à une impossibilité intrinsèque en donnant à une personne une faculté qui dépasse sa condition : il s'agit typiquement de sortir de la perspective de l'homme soigné pour entrer dans la logique transhumaniste de l'homme dépassé. La réflexion doit précéder la décision. L'extension de la PMA a un coût. Les conséquences budgétaires du projet doivent être prises en compte. L'équilibre financier est partie intégrante de l'éthique pour ce qui est de l'équité de la répartition des ressources. Le taux de succès de la PMA avoisine les 20 %, pour un coût moyen aux alentours des 5 000 €, ce qui, avec l'extension projetée de la technique (pour une cause non médicale), grèvera les comptes de la Sécurité sociale déjà bien en difficulté.

Puisque la technique permet de faire fi de la nature, il ne faudra pas attendre bien longtemps pour que des couples fertiles fassent eux aussi la demande du choix de l'enfant tel qu'ils le veulent en recourant à la PMA. Leur refuser ce droit serait discriminatoire : pourquoi seraient-ils les seuls à accepter le risque d'une procréation naturelle, avec ses incertitudes, plutôt que d'exercer leur choix ? La société acceptera cette demande comme elle le fait aujourd'hui avec le dépistage anténatal pour « sélectionner plutôt que soigner ». Cela deviendra « fabriquer plutôt que recevoir ». Tel est le post-humanisme, sur la base du « No Chance but Choice ».

Face à ces perspectives, il est temps de prendre conscience qu'en légiférant au gré des demandes particulières, ou de petits groupes de pression, l'homme s'éloigne de la nature et devient artifice jusqu'à ce que tous deviennent conformes. À l'heure de l'écologie, pourquoi ne pas défendre la nature ? L'écologie humaine doit être une priorité : une de ses grandes richesses tient à l'altérité et l'altruisme, bref, à l'attention à l'autre qui m'enrichit dans sa différence. ■

* *Tribune parue dans* FigaroVox *le 24 juillet 2019.*

Illégale en France, la gestation pour autrui attire de plus en plus de couples homosexuels, stériles, trop âgés ou trop pressés pour porter un enfant. Reportage.

Parents à tout prix : les dérives de la GPA en Ukraine

*Par Guyonne de Montjou**

Louba enfonce son regard dans le sol. Ses doigts agrippent un tee-shirt qui épouse la forme arrondie de son ventre. Âgée de 27 ans, cette Ukrainienne porte depuis six mois le bébé d'un autre couple. « *C'est une fille. Pour des Italiens* », sourit-elle. Créée en 1995, la clinique Feskov, avec laquelle elle a signé son contrat de gestation pour autrui (GPA), veille à ce qu'aucun contact direct ne s'établisse entre elle et les « commanditaires » du bébé.

Louba ne verra jamais l'enfant qui grandit en elle. Bientôt, elle accouchera derrière un rideau et empochera, dans la foulée, une somme d'à peu près 11 000 €. En sus, chaque mois de grossesse lui aura rapporté 350 €, un montant attrayant, au regard des 270 € qui constituent le salaire médian dans cette région de l'est de l'Ukraine, proche de la Russie. Les parents commanditaires, eux, auront payé entre 40 000 € et 60 000 €, hors frais de voyage, pour recevoir un être frais émoulu, âgé de 3 jours, dans leurs bras. La loi ukrainienne leur impose d'être un couple hétérosexuel, marié et infertile, critères contournés sans difficulté par bon nombre des 4 000 couples étrangers signataires chaque année d'un contrat de reproduction dans le pays. Depuis qu'en 2015, l'Inde et la Thaïlande ont restreint la GPA aux seuls nationaux, l'Ukraine offre à tous un accès large et peu régulé à cette médecine reproductive qui repose sur la location, neuf mois durant, d'un utérus.

Ce matin, comme deux fois par mois, Louba est venue, accompagnée de sa fille de 8 ans, faire une échographie de routine. Dans la clinique, personne ne lui dit vraiment bonjour. Mère porteuse parmi les autres, elle est aiguillée vers la table d'examen par l'un des huit médecins, qui la découvre grâce à la carte numérique dans laquelle toutes les informations qui concernent sa grossesse sont consignées. Soudain, son œil s'arrête sur l'écran : une petite tête apparaît en noir et blanc. « *Je suis toujours émue. C'est la vie* », souffle-t-elle en essuyant la larme qui roule sur sa joue. Les parents commanditaires n'ont jamais su que deux fausses couches avaient précédé cette grossesse. « *Je ne suis pas coupable,* semble-t-elle se défendre. *Mon organisme n'a pas accepté.* » « *On informe nos clients seulement quand ça marche,* claironne le Dr Vladyslav Feskov, 30 ans, fils du propriétaire de la clinique, qui entre dans la pièce sans frapper. *Si quelque chose arrive, nous nous engageons à refaire le programme.* » Par la fenêtre, on aperçoit des maçons en train d'édifier une extension du bâtiment sur cinq étages, pour répondre à la demande croissante de la clientèle internationale.

Chaque mois, entre 5 et 15 bébés naissent dans cette clinique. Les femmes qui les mettent au monde doivent avoir déjà un enfant « à elles », être en bonne santé et âgées de moins de 34 ans. Elles signent un contrat aux clauses plus ou moins liberticides, qui doit rester confidentiel. Parmi la cinquantaine d'agences qui se partagent ce marché en Ukraine, celle de Gestlife interdit par exemple aux mères porteuses de teindre leurs cheveux, de se baigner dans la mer ou un lac, d'avoir des rapports sexuels, de prendre des transports en commun, de rester en présence de ses propres enfants s'ils ont un rhume, sous menace de pénalités. Si, prise d'un scrupule, la mère veut finalement garder le bébé qu'elle porte, elle doit payer 200 % du montant total du contrat. Dissuasif.

20 % DE PLUS CHAQUE ANNÉE

Louba prend infiniment au sérieux sa mission de gestatrice. Stimulée par des piqûres, des comprimés et des suppositoires quotidiens pour préparer la réception de l'embryon, elle attend la délivrance en gobant des vitamines. Elle a déménagé dans un deux-pièces tout proche pour finir sa grossesse. L'argent qu'elle va gagner, qui équivaut au salaire de près de cinq années de travail, lui permettra d'acheter un appartement pour loger son mari et sa fille, et de quitter celui de ses beaux-parents dans lequel ils résident. « *Peut-être que nous aurons alors un autre enfant à nous,* laisse-t-elle échapper, *et que, plus tard, j'en aurai encore un pour un autre couple, si tout se passe bien.* »

La ville de Kharkiv, où se trouve la clinique Feskov, est située à 450 kilomètres de Kiev, la capitale. Cet éloignement facilite la rédaction des papiers d'état civil des nouveau-nés : il faut quelques heures pour gommer l'existence de la gestatrice, mentionnée sur l'acte de naissance, et faire progresser la demande auprès des consulats étrangers, qui délivreront aux parents, au bout d'une quinzaine de jours, un laissez-passer pour prendre l'avion avec le bébé. Malgré le Covid-19, l'ambassade de France aura signé cette année 100 dossiers de nouveaux petits compatriotes, « *un chiffre en augmentation de 20 % chaque année* », nous confie-t-on. Les services consulaires refusent d'entrer en contact direct avec les cliniques dont ils connaissent « *les pratiques mafieuses* ». Sous le regard conciliant du tribunal de Nantes, dont dépendent les dossiers consulaires, grâce au zèle de certains magistrats enhardis par la position personnelle du président de la République, la procédure a été facilitée « *au nom de l'intérêt supérieur de l'enfant* ». Quoique illégale, la GPA est donc de facto reconnue en France. Sur la foi du contrat de GPA et des attestations d'identité du père donneur de sperme, les services consulaires signent la transcription de l'état civil du bébé, mentionnant sur une seule ligne qu'il est « *né de père* », sans l'identité d'aucune mère.

Dans les sous-sols de la clinique Feskov, débouchant maladroitement un des réservoirs de nitrogène liquide qui permet la cryoconservation des embryons, le gynécologue trentenaire énumère ses nombreux projets de recherche sur les cellules souches, les donations d'ovocytes et la banque de sperme qu'il met au point. « *Je n'ai, moi-même, pas encore d'enfant mais j'ai beaucoup d'embryons !* », s'exclame Vladyslav Feskov dans un français appris à Clermont-Ferrand et sur YouTube. Nul scrupule dans son propos, nulle ombre à son visage lorsqu'on l'interroge sur la matière vivante qu'il manie comme une

Bridget est née prématurément, avec une défaillance au cerveau et malvoyante. Personne ne l'a reconnue, ni la mère porteuse, ni la clinique, ni ses parents

vulgaire purée. « *Selon notre loi, jusqu'à la 15e ou 16e semaine de grossesse, on peut se débarrasser d'un embryon. On a le droit.* » Brandissant son portable, il y montre un tableau coloré de vert, de jaune et de violet d'une dizaine de lignes qui se terminent sur des XX, des XXY et des XY : « *Cette dame française a commandé une grossesse gémellaire. C'est le pactole !* »

Le contrat de Louba avec Feskov est plutôt enviable, si l'on en croit Yuliia Anosova, avocate de l'ONG La Strada-Ukraine, créée en 1998. « *Certaines GPA low-cost ne rapportent que 5 000 € aux mères porteuses. Ces femmes, souvent paysannes, sans éducation et sans connexion internet, n'ont aucun renseignement. Elles prennent ce qu'on leur donne.* » Une centaine de mères porteuses contactent La Strada chaque année : « *Certaines développent des cancers après leurs traitements répétés aux hormones et cherchent à se faire défrayer leurs soins par la clinique qui les a utilisées. D'autres ne sont pas payées en cas de perte involontaire du bébé, d'autres sont rongées de scrupules au moment d'abandonner l'enfant qu'elles portent,* liste encore cette douce blonde qui s'exprime en anglais avec un puissant accent. *D'autres enfin se renseignent sur leurs droits, vers la fin de la grossesse, quand les commanditaires leur interdisent de sortir de chez elles ou de s'occuper de leurs vrais enfants. Nous avons tous les cas de figure.* » Depuis 2002, le code légal de la famille ukrainien accorde l'intégralité des droits aux parents biologiques. À l'intérieur du pays, des voix s'élèvent pour alerter sur le trafic d'enfants, d'organes, de papiers qui entourent la nébuleuse de ces cliniques, souvent enregistrées dans des paradis fiscaux.

UN TRAFIC D'ENFANTS

C'est le cas de BioTexCom, inscrite aux Seychelles, première usine à bébés du pays. Son bâtiment de style anglo-normand kitsch, situé dans la verdure sur les auteurs de Kiev, accueille un chassé-croisé incessant : près de la machine à café du lobby, des clients en chaussons bleus se proposent mutuellement des boissons chaudes dans toutes les langues. Ils s'apprêtent à donner leurs gamètes dans de sordides cagibis devant des films pornographiques sur commande. Autour, circulent des femmes ukrainiennes, candidates dopées aux hormones venues se faire implanter ou déjà enceintes. Poussant la porte en mélaminé marron de la salle d'attente, on croise le regard fatigué de deux donneuses d'ovocytes, enfoncées dans des fauteuils chesterfield en skaï, plongées dans un silence qu'égaient à peine les bulles d'un aquarium aux poissons surexcités.

Partout, des femmes de ménage, charlotte sur la tête, ramassent gobelets, masques, surchaussures, pipettes et tirent les chasses d'eau. Au pied des marches du bâtiment, un couple de Siciliens, qui semble avoir depuis longtemps dépassé l'âge de procréer, fume cigarettes sur cigarettes en compagnie de compatriotes trentenaires, amis de circonstance. Ils s'entreprennent sur le nombre d'embryons qu'ils vont implanter « *Un ou deux ? Garçon ou fille ?* » Dans cinq jours, ils recevront par e-mail le résultat de la collecte et pourront piloter la grossesse à distance pour, si tout se passe bien, récupérer leur bébé dans neuf mois. Le langage ciselé, l'amabilité astiquée et le niveau de technicité des médecins de la procréation impressionnent.

Dans ce théâtre qui n'emprunte à aucun référentiel, ce qui intrigue le plus est le décalage entre le savoir-faire mis au service de la fertilité et ce lieu qui semble rejoindre un domaine qui n'est plus exactement humain.

Le fondateur de BioTexCom, désinhibé par son succès, se

félicite que plus de 500 enfants par an naissent grâce à lui. « *Un tiers de mes clients sont chinois. Ils veulent des garçons à 90 %.* » Le regard canaille, l'embonpoint assumé, la chemise ouverte, Albert Tochilovsky, 44 ans, est peut-être moldave, sûrement ancien directeur de boîte de nuit, soucieux de ne pas tout raconter. Intarissable sur la façon dont, bientôt, « *on fera des enfants dans des incubateurs sans les femmes* » ou comment, depuis cinq ans, il parvient à fusionner les ovocytes de deux donneuses pour fabriquer un bébé, il refuse d'expliquer l'usage qu'il réserve aux avortons qui sont régulièrement arrachés aux utérus. « *Je ne vous dirai pas* », finit-il par trancher après avoir avoué, dans une formule énigmatique, que « *les embryons sont plus intéressants après sept semaines* ».

BioTexCom conserve plus de 100 000 embryons congelés, détenteurs de ces précieuses cellules souches dont on nous promet qu'elles pourvoiraient la santé éternelle aux vivants. Cette matière vivante, dont les parents se soucient peu, est-elle monnayable ? Que deviennent les fœtus décrochés après les « *réductions embryonnaires* », afin d'honorer le contrat « pack premium », qui garantit aux clients l'obtention d'un produit parfait ? Mystère. La loi ukrainienne n'y fait pas mention.

C'est ainsi que, en cours de grossesse, un couple de Californiens ayant appris que l'un de ses jumeaux avait été supprimé à cinq mois, a établi qu'il ne souhaitait pas garder le survivant fragilisé. La grossesse continuait, le bébé demeurait viable et, contre toute attente, malgré la « *rupture du contrat* » en cours, la clinique BioTexCom l'a laissée atteindre son terme. Bridget est née prématurément, avec une défaillance au cerveau et malvoyante. Personne ne l'a reconnue, ni la mère porteuse, ni la clinique, ni ses parents.

72 ANS ET CINQ BÉBÉS

À 10 000 kilomètres de là, les parents auxquelles elle devait sa vie ont disparu des écrans, considérant l'affaire réglée contractuellement. Orpheline et apatride, Bridget, âgée de 4 ans, végète aujourd'hui dans l'orphelinat public ukrainien de Zaporijjia, dans une région reculée du pays. Fatigué d'être interrogé sur cette enfant qu'il ne connaissait pas avant que certains médias ne relaient son triste sort, Albert Tochilovsky fait défiler sur son téléphone la panoplie de tenues de sport qu'il vient de lui faire envoyer, sur ses propres deniers. Lorsqu'elle aura atteint 7 ans, les vêtements seront trop petits et Bridget sera transférée dans un autre établissement où personne ne l'attendra. « *Il est arrivé qu'un couple arabo-hongrois divorce pendant la grossesse, en oubliant de nous en informer,* raconte fièrement Vladyslav Feskov. *Nous avons alerté la police, qui a obligé les parents à venir chercher l'enfant et à le reconnaître.* »

D'autres, comme ce couple d'Allemands de 72 ans, n'ont, quant à eux, jamais oublié une naissance : ils sont déjà venus à cinq reprises chercher un enfant né par GPA en Ukraine. L'ambassadrice d'Espagne, en poste à Kiev, signe 300 laissez-passer par an pour autoriser les bébés nés de mères porteuses à arriver en Espagne. Emportée par son sentiment d'impuissance, elle dénonce l'âge avancé de certains parents, les comportements déviants, les contorsions mensongères pour maquiller une homosexualité et puis la corruption des autorités, de la justice, du corps médical et même des laboratoires qui délivrent des analyses ADN faussées. « *C'est un scandale. En Ukraine, tout est possible pourvu qu'on paie. Il n'y a aucun contrôle, d'aucune sorte. Contrairement au processus d'adoption, les parents qui font des GPA ne sont soumis à aucune supervision.* »

Trois mois après avoir pris son poste, en janvier 2018, elle a dû s'occuper du cas d'un de ses compatriotes, pédiatre de 30 ans, arrêté à Stockholm pour pédophilie aggravée. Condamné à dix ans de prison pour le viol de quatre filles et d'abus sexuels sur 46 autres (de 2 à 12 ans), il s'apprêtait à s'envoler vers Kiev pour récupérer son bébé, une fille. Le grand-père a finalement recueilli l'enfant, qui grandit actuellement en Espagne. À voir ces nourrissons passer de bras en bras, de pays en pays, les yeux fermés, comme des trophées innocents, d'aucuns pourraient se prendre à rêver au monde d'avant… ■

**Article paru dans* Le Figaro Magazine *le 23 octobre 2020.*

BORIS CYRULNIK : « LA PROTECTION DES ENFANTS COMMENCE AVANT LA CONCEPTION. »

Boris Cyrulnik
« Un bébé est très facile à réparer »

Le neuropsychiatre, père de la notion de résilience, rappelle que les 1 000 premiers jours de l'enfant sont cruciaux pour fonder son existence future. À la demande d'Emmanuel Macron, il a conduit une mission sur la petite enfance.

*Propos recueillis par Caroline Beyer et Agnès Leclair**

LE FIGARO. - Le gouvernement a voulu lancer une « offre 1 000 jours » pour accompagner les parents et leur bébé le plus tôt possible. Pourquoi ce travail précoce est-il nécessaire ?

Boris CYRULNIK. - On sait que le bébé communique dans l'utérus. Il réagit aux basses fréquences de la voix de sa mère. Il déglutit quatre ou cinq litres de liquide amniotique par jour. Si sa mère fume, il fume. Si elle mange de l'aïoli, il s'habitue au goût de l'ail. Cette communication sensorielle façonne le développement cérébral et, plus tard, affectif et comportemental de l'enfant. Si la mère vit dans des conditions de précarité affective (abandon, isolation, violences conjugales ou familiales) ou sociale, elle sécrète des substances du stress qui, au-dessus d'un certain seuil, passent la barrière placentaire et abîment les cellules cérébrales du bébé. Il faut donc dépister très tôt. La protection des enfants commence avant la conception. Quand une femme est alcoolique, quand un homme est violent, quand les parents sont en situation de précarité sociale, il faut savoir qu'ils vont mettre au monde des enfants qui auront du mal à se développer.

Est-ce là le rôle de l'État ?
Les mères insécurisées sont bien souvent des femmes seules, abandonnées par la culture et par leur famille. On a constaté que, dès que ces femmes sont sécurisées, en un ou deux jours, la reconstruction cérébrale du bébé se met en place. Le cerveau reste plastique toute notre vie, mais dans les petites années, il l'est beaucoup plus. Un bébé est très facile à blesser, mais il est aussi très facile à réparer. Le gouvernement a indéniablement un rôle à jouer pour sécuriser la mère, qui sécurise elle-même son enfant.

Les familles défavorisées sont-elles principalement bénéficiaires de vos recommandations ?
Oui. Cet accompagnement est comparable à l'école obligatoire à 3 ans. On objecte souvent que 97 % des enfants y vont déjà. Mais ceux qui ne sont pas scolarisés sont ces enfants dont les parents sont en difficulté culturelle, sociale, affective. En n'allant pas à l'école, ils aggravent donc leur retard. À travers cette mesure, Emmanuel Macron insiste sur la lutte contre les inégalités sociales. Je l'approuve à 100 %. Lorsque j'étais gamin, quand un enfant était mauvais à l'école, on disait : « Ça rentre pas », comme s'il avait un cerveau de mauvaise qualité. En réalité, si son cerveau fonctionne mal, c'est parce que son entourage est en difficulté. Le QI est le reflet d'une aptitude à la scolarité, pas de l'intelligence. D'ailleurs, si un malheur arrive chez un enfant, son QI diminue. Son cerveau est le même, mais il est moins vif. On sait maintenant comment agir, car le cerveau est sculpté par l'existence et par le milieu. On peut agir sur le couple, la famille.

L'environnement fait donc tout ?
Opposer l'inné et l'acquis est un non-sens. Une donnée génétique ne s'exprime pas de la même façon selon que l'on appartient à un milieu ou à un autre.

À 3 ans, un tiers des enfants qui entrent à l'école maternelle sont « insécurisés ». Quelles conséquences sur leur cerveau et sur leur apprentissage ?
La plupart de ces enfants « insécurisés » ont peur de l'inconnu quand ils arrivent à la maternelle. Peur de la maîtresse, des petits copains, d'un espace inconnu… Cela peut provoquer des problèmes comme l'énurésie, des régressions, des troubles alimentaires, de l'insomnie, de l'agressivité. Si on ne s'occupe pas de ces enfants - en disant, par exemple, que « c'est la faute de leur quartier » -, on les laisse partir à la dérive. Mohamed Merah est l'exemple type de l'enfant que l'on a complètement laissé partir à la dérive. Il est devenu une proie pour les gourous. Par contre, si on entoure ces enfants sur le plan affectif, éducatif et culturel, ils peuvent rattraper leur retard plus facilement qu'on ne le croyait. Les enseignants sont demandeurs de formation pour aider ces enfants.

L'école peut-elle aussi être néfaste pour les enfants ?
Oui. En Chine et au Japon, c'est un phénomène de société. L'école devient une

nouvelle forme de maltraitance car les enfants sont surstimulés. Une minorité d'entre eux affiche des performances scolaires stupéfiantes, mais à un prix humain exorbitant pour les autres : déscolarisation, décrochage, surtout chez les garçons, et suicide. Les filles tiennent mieux le coup car elles ont une avance développementale sur les garçons. Vous allez voir ce que cela va donner dans deux générations !

Et en France ?
Nous sommes sur le chemin du Japon et de la Chine. Certains inspecteurs appliquent les lois avec rigidité : siestes obligatoires, notation dès la maternelle… Ce n'est pas du tout ce que les Assises de la maternelle ont préconisé.

La loi anti-fessée a été adoptée en juillet 2019 par le Parlement. Est-ce le signe que notre société porte un regard différent sur l'enfance ?
Tout à fait. L'enfant est un phénomène social. Avant, il y avait des martinets accrochés chez les marchands de couleurs. Fouetter un enfant faisait partie du système éducatif. Mais cela n'apprend que la violence et la terreur. Frapper un enfant ou crier sur lui, c'est sidérer son cerveau, l'éteindre, comme nous l'ont appris les travaux de neuro-imagerie du cerveau et de psychologie. Il faut militer contre la fessée car elle implique des rapports de domination, de violence. Mais cette interdiction dans la loi pose un problème. En Suède, un des premiers pays à l'avoir interdite, certains expliquent que cette loi a dévalorisé le pouvoir interdicteur des parents. Il faut faire disparaître la fessée, mais pas forcément l'interdire avec une loi.

**Entretien paru dans* Le Figaro *le 2 octobre 2019.*

BORIS CYRULNIK : «LORSQUE J'ÉTAIS GAMIN, QUAND UN ENFANT ÉTAIT MAUVAIS À L'ÉCOLE, ON DISAIT : "ÇA RENTRE PAS", COMME S'IL AVAIT UN CERVEAU DE MAUVAISE QUALITÉ. EN RÉALITÉ, SI SON CERVEAU FONCTIONNE MAL, C'EST PARCE QUE SON ENTOURAGE EST EN DIFFICULTÉ.»

Cette première étiquette dont l'enfant est affublé est parfois source de souffrance.

Quand le prénom est lourd à porter

*Par Ségolène Barbé**

Kevin juge son prénom trop populaire, Emmanuelle ne supporte plus qu'on lui parle du film homonyme, Peggy a subi bien des quolibets dans la cour de l'école.

Choisi par d'autres pour nous accompagner tout au long de notre vie, notre prénom est parfois source de souffrance. Et les parents ne sont pas toujours heureux de leur choix : « *Selon une étude parue en 2019, 28 % des parents britanniques regrettaient le prénom qu'ils avaient donné à leur enfant. Ce serait le cas d'un couple sur deux en France* », affirme Anne-Laure Sellier, chercheuse en psychologie sociale et cognitive.

« *Le spleen du prénom est terriblement moderne* », estime la chercheuse, qui a reçu énormément de témoignages sur ce sujet après avoir publié *Le Pouvoir des prénoms* et *La Science des prénoms* (Éditions Héliopoles, 2018 et 2019). Car si les choix parentaux pèsent parfois lourd sur les épaules des enfants, c'est d'abord parce que le champ des possibles s'est considérablement élargi : on recense aujourd'hui, en France, plus de 13 000 prénoms, contre seulement 2 000 en 1945. La diversité n'a fait que s'accroître au fil des temps : au Moyen Âge, un garçon sur trois était prénommé « Jean » ou l'un de ses dérivés, expliquait ainsi, dans le média en ligne The Conversation, en juin 2018, l'enseignant en histoire médiévale Florian Besson (1). Et dans nombre de familles, le premier né était systématiquement affublé du prénom du grand-père paternel.

GARE À L'EXCÈS D'ORIGINALITÉ

Désormais, les parents jouissent d'une liberté quasi absolue. Seules limites, le prénom ne doit pas être contraire à l'intérêt de l'enfant ni violer le droit d'une autre personne à voir protégé son nom de famille ; si l'enfant porte le nom d'un seul de ses parents, il ne peut avoir comme prénom le nom de l'autre parent (l'enfant de Mme Martin et de M. Dupont ne pourra pas se prénommer Martin s'il se nomme Dupont).

Mais gare à l'excès d'originalité, d'autant que nous sommes de plus en plus régulièrement confrontés à l'image que notre prénom donne de nous. Il a en effet largement remplacé le titre : « *Bien plus que "Monsieur" ou "Madame", le prénom est devenu aujourd'hui la première étiquette avec laquelle nous faisons connaissance, que ce soit par mail, par téléphone, ou bien sur notre CV* », estime Anne-Laure Sellier.

Or certains trouvent pénibles les stéréotypes attachés à leur prénom, liés à un film, un livre ou un fait divers qui l'ont sorti de la banalité. Bien des Emmanuelle ont souffert du personnage incarné à l'écran par Sylvia Kristel en 1974, des Émile regrettent la médiatisation d'Émile Louis, surnommé le « boucher de l'Yonne ». Les prénoms androgynes peuvent être plus ou moins bien vécus : certaines Dominique se sentent mal à l'aise sous cette appellation trop masculine, quand d'autres apprécient la liberté qu'elle leur laisse dans l'expression de leur féminité.

Des prénoms « font vieux » (Josette, Ginette ?), évoquent de sombres personnages (Adolf n'est pas des plus populaires depuis le mitan du XXe siècle), rappellent le pays d'origine (Mohammed, Youri, Leila) ou le milieu social. « *Historiquement, les prénoms naissaient dans les classes aristocratiques puis descendaient vers les classes populaires : il y avait une sorte de respiration au sein de la société,* rappelle Anne-Laure Sellier. *Depuis les années 1980, les prénoms qui naissent dans les classes populaires (Kevin, Cindy) y restent et deviennent donc très marqués socialement.* »

UNE RÉCONCILIATION QUI S'OPÈRE AVEC LE TEMPS

Attention aussi aux prénoms qui rappellent le grand-père qui vient de mourir ou la tante décédée tragiquement ? « *Porter la mémoire d'un proche disparu peut être très lourd pour un enfant, surtout si ses frères et sœurs ont, eux, un prénom qui leur est propre* », met en garde Constance Lanxade, psychogénéalogiste et coauteur d'*Un prénom, le choix d'une vie* (avec Elena Bizzotto, Horay, 2018). Elle incite donc les parents à réfléchir clairement à ce qui motive leur choix. « *Derrière tout prénom, il y a une intention. Mieux vaut qu'elle soit révélée plutôt que cachée. Si votre ado n'aime pas son prénom, c'est important de lui expliquer à quel point il vous plaisait, et pourquoi vous l'avez choisi.* »

Porter un prénom trop original peut avoir des conséquences négatives sur l'estime de soi, surtout à l'enfance ou à l'adolescence, lorsqu'on aimerait tellement être « comme tout le monde ». « *Heureusement, il y a souvent une réconciliation qui s'opère avec le temps : à l'âge adulte, un prénom original peut devenir valorisant* », estime Constance Lanxade.

Si elle déconseille les prénoms à orthographe non conventionnelle (par exemple « Mathilde sans h », que votre fille passera sa vie à épeler), Anne-Laure Sellier estime qu'« *il n'existe pas de bon ni de mauvais prénom* ». Selon le contexte social, l'époque ou la personnalité de chacun, un même prénom sera assumé différemment. Ceux qui ont du mal à se l'approprier ont parfois recours à un diminutif ou à un surnom, à un autre de leurs prénoms ou même à un « nom de scène » si leur profession le leur permet.

Des démarches plus radicales peuvent aussi être menées. Chaque année, 3 000 personnes entament devant un juge aux affaires familiales une démarche de changement de prénom. « *Un nombre étonnamment modeste* », commente la chercheuse, qui estime que la souffrance liée au prénom reste encore largement taboue. « *Aujourd'hui, on s'attaque aux tabous du genre, de la mort, mais on n'ose pas toucher au prénom,* s'étonne-t-elle. *On préfère s'accommoder, même dans la douleur, de celui que nos parents ont choisi.* » ■

(1) « Vu du Moyen Âge : Quand les Kévin s'appelaient Jean, ou ce que nos prénoms disent de nous », 19 juin 2018.

**Article paru dans* Le Figaro santé *le 1er février 2021.*

Les lieux de l'enfance, empreints de souvenirs et de transmission, rappellent à l'homme connecté la valeur de l'enracinement.

Maisons de famille : que ma joie demeure !

*Par Guyonne de Montjou**

« *Il était, quelque part, un parc chargé de sapins noirs et de tilleuls, et une vieille maison que j'aimais.* » Cinq ans avant de mourir en mer, Antoine de Saint-Exupéry redit au détour d'une page de *Terre des hommes*, comme on pose un baiser sur un mur, son attachement à la maison de son enfance. Lieu de vacances et d'inspiration, le château de Saint-Maurice-de-Rémens (Ain) n'a cessé de nourrir l'œuvre de l'auteur du *Petit Prince*, même la quarantaine passée. Comment définir la magie de ces bâtisses plus ou moins anciennes, plus ou moins soignées, dans lesquelles les familles ont l'habitude de se retrouver ? De quelle nature est l'attachement qui unit les membres d'une tribu à un site ?

Qu'on l'adule ou le déteste, très tôt dans la vie, le lieu de l'enfance devient un sanctuaire. Les souvenirs qui s'y attachent sont plus profonds et déterminants que les autres. Certains affirmeront que les longs après-midi d'ennui dans une chambre retirée durant l'été ont constitué un traumatisme, d'autres auront découvert et parcouru avec frénésie, au-dessus d'une grange silencieuse, l'intégralité de la collection de *Petit Illustré* ou les œuvres de Musset qui auront décidé de leur vocation. D'autres encore n'auront de cesse de retrouver les sarabandes prodigieuses de cousins comme dans leur maison natale. Chacun garde ainsi dans les méandres de sa mémoire une odeur, le couinement d'une poignée de porte, le motif d'un papier peint, le chant ou le silence de la nature alentour.

« La maison est un endroit où l'on revient, analyse le psychothérapeute Patrick Estrade, dans *La Maison sur le divan* (1). *Dans la vie, quand on traverse une situation difficile, on peut éprouver le besoin de revenir dans cette coquille familière, comme dans le ventre de la mère. »*

L'emplacement des objets, la façon de ranger le bois dans le bûcher à la manière de l'arrière-grand-père, de sortir telle nappe pour le repas dominical, de ne pas allumer le feu avant une certaine heure, de replacer la clé du coffre à jouets dans sa cachette. *« Tous ces rites permettent de ne pas repartir à chaque fois de zéro »*, analyse Patrick Estrade. Ils rassurent.

Chacun garde dans les méandres de sa mémoire une odeur, le couinement d'une poignée de porte, le motif d'un papier peint, le chant ou le silence de la nature alentour

RACINES ET FIXITÉ

Perdre une maison de famille, soit parce qu'elle est vendue, soit parce qu'un membre, devenu propriétaire, la restaure en profondeur, provoque une dispersion des souvenirs agrippés au lieu, associés à sa lumière, à son parfum, à son « esprit ». Comme si, pour opérer, la magie avait besoin du cadre le plus immobile possible. *« Lorsque, au début de l'été, nous ouvrons la maison d'Auvergne pour accueillir notre famille,* témoigne une grand-mère, *mon œil traque tout ce qui a pu changer pendant les dix derniers mois : j'inspecte ce qui s'est abîmé, je replace les objets dans leur niche, toujours la même, je mets tels draps sur tel lit. La maison a toujours été ainsi depuis mes parents. »*

Dans une époque où le mouvement et la légèreté sont valorisés, ce désir de fixité intrigue : la maison de famille continue d'attirer, comme si elle permettait de quitter la précarité et le transitoire pour trouver la constance. Lorsqu'on évoque le berceau familial d'une personnalité, aussitôt lui est associée une couleur intemporelle, charnelle. Peu importent leurs succès et leurs échecs, Jean Yanne se retrouvait à Morsains, en Champagne, Jean-Pierre Raffarin à Chasseneuil-du-Poitou, Marguerite Duras et Antoine de Caunes à Trouville-sur-Mer, Denis Tillinac à Auriac, Pierre Loti à Rochefort. *« La maison est comme un diplôme,* explique Patrick Estrade. *Elle dit : je suis de quelque part, je suis quelqu'un de bien. À travers une demeure qui a une histoire ancienne, on exprime le fait qu'on a pu mettre sa famille à l'abri. Les Anglais diraient à propos d'un propriétaire : "He is a man of good report", quelqu'un dont on dit du bien. »*

Les maisons de famille peuvent aussi bien constituer un privilège qu'un sortilège. Leurs hôtes les recréent sans cesse dans le miroir magique et déformant des souvenirs, à partir de récits, de photos ou d'objets. Sans l'imaginaire qu'elles convoquent, ces demeures n'existeraient pas. Elles ressembleraient à des ogres qui avalent les générations les unes après les autres sans satiété. À écouter les histoires de maisons au cœur des familles, la pierre apparaît décidément plus forte que tout.

Les règles qui concernent la cuisine sont cruciales tant cette pièce constitue le cœur battant, le lieu névralgique de ces grandes demeures. L'évier, le plan de travail, le réfrigérateur et les fourneaux sont désormais des territoires à défendre ou à occuper. « *Soudain, ma façon de passer les fraises sous l'eau, de couper le saucisson sans planche ou de faire la vinaigrette est devenue une agression pour ma belle-mère,* témoigne une bru malmenée dans une maison bourguignonne. *Elle ne supportait pas que quelqu'un d'autre soit avec elle dans la cuisine.* » Pour sceller une amitié ou une relation, rien n'est plus pertinent que de la tremper dans son bain familial. « *La maison joue le même rôle qu'un navire sur lequel les caractères s'accélèrent, les personnalités s'aiguisent, les jalousies, les fourberies et les positions dominantes sont grossies comme sous une loupe* », poursuit le psychothérapeute Patrick Estrade.

« La maison est comme un diplôme. Elle dit : je suis de quelque part, je suis quelqu'un de bien »

PATRICK ESTRADE, PSYCHOTHÉRAPEUTE

Jérôme de Laromiguière, qui, du haut de ses 28 ans, est l'un des plus jeunes des 26 cousins germains du domaine de La Croze, explique : « *La joie de se retrouver dans un lieu où nous avons tous vécu des événements forts, à plusieurs générations, soude notre esprit de famille. Oncles et tantes, cousins et petits-cousins, nous avons tous le désir de préserver ce lieu qui nous rassemble. L'été est donc organisé autour de moments vécus en commun, des chantiers et des horaires de repas : le matin, tout le monde s'embrasse autour de la table. Il y a un flux continu d'arrivées jusqu'à 9 h 30. Ensuite on organise les chantiers : ici, il faut refaire un mur en pierre sèche, là, retirer la mousse, poser le carrelage dans une salle de bains, s'occuper des enfants, faire la peinture, éplucher les pommes de terre, écosser.* » Des jeux suivent le déjeuner puis les baignades dans le Tarn, « *plus propre et beau que toute piscine que nous aurions pu construire* », sourit Yves, qui se garde d'avouer qu'il est le chef de famille depuis la mort de ses parents quoiqu'il assume toutes les responsabilités de cette fonction.

ENRACINEMENT LOCAL

« *La relation avec les locaux a sensiblement changé ces dernières décennies,* analyse Stanislas de Laboulaye, qui s'enracine au terme d'une carrière de diplomate dans son manoir situé au nord de Rouen. *Quand j'étais enfant, mes étés se déroulaient au rythme des activités de la ferme. C'est là que j'ai trouvé mes premiers amis. On s'occupait des foins puis de la récolte des pommes, on connaissait les rabatteurs des chasses, ils étaient nos compagnons de vie et de jeux. Tout cela a disparu. La propriété est devenue hors-sol, elle est celle de Parisiens en week-end. Nos enfants viennent faire des séjours trop courts pour s'enraciner dans le tissu social.* »

« Certains de mes patients retournent chaque année dans leur maison familiale avec l'impression de partir à la guerre. Ils ont des parents toxiques, gardent le souvenir des incidents fâcheux qui ont éclaté les années antérieures : à ceux-là, je conseille de s'abstenir d'y aller, ou de venir avec un ami. Parfois, un tiers neutre peut apaiser le climat », affirme Patrick Estrade. Le moment où les bouteilles de vin rosé sont débouchées sur la terrasse, alors que chacun a passé la journée dans son coin, donne parfois un indice de l'ambiance du repas qui va suivre. Les langues se délient, les vacheries se distillent, les jeux de rôle se retrouvent et le placement à table va contenir ou attiser les tensions. À 45 ans, voir sa belle-sœur en chemise de nuit au petit déjeuner ou supporter que ses neveux laissent l'écorce de leur Babybel sur la table de la cuisine n'est pas sans conséquence.

« La quête constante d'harmonie est une condition pour que plusieurs générations vivent sous le même toit », poursuit le psychothérapeute. Dans le petit théâtre des vacances, peu importe que tous s'aiment, se détestent, se chamaillent, pourvu que les règles de départ soient respectées. Gare à l'affect de l'enfance qui peut être réactivé brusquement. Sans le savoir, en gardant une relation vivante avec ses proches, contrainte par le lieu, les histoires se délient et les figures inhibantes du passé peuvent se dissiper. *« Dans une maison, il y a des périodes et des pièces particulières,* note Stanislas de Laboulaye. *La chambre dans laquelle mon père est mort est restée inhabitée pendant trois ans. Son souvenir était trop présent. On y a fait des travaux, changé la couleur des murs, et on a fini par y dormir de nouveau. »* Souvent la maison de famille existe principalement

Dans le petit théâtre des vacances, peu importe que tous s'aiment, se détestent, se chamaillent, pourvu que les règles de départ soient respectées

dans la lanterne magique des personnalités qui l'ont bâtie, rénovée, aimée avant nous. Et tout cela pèse.

Si l'on observe avec un regard lucide le monde dans lequel nous évoluons, tout ce que ces demeures incarnent est trois fois piétiné : par l'individualisme, qui ne veut plus de concession à sa liberté, par la fragilité des structures familiales, qui fait vaciller parfois la pérennité de tels lieux et, enfin, par le consumérisme ambiant, qui érige le renouvellement perpétuel en modèle. Soigner une maison de famille réclame de soigner les personnes qui y vivent avec humilité, rigueur, abnégation et une bonne dose de débrouillardise. L'enjeu est bel et bien de vivre une aventure passionnante à partir d'un point fixe. ■

(1) Pocket, 384 p., 7,95 €.

**Article paru dans* Le Figaro Magazine *le 10 juillet 2020.*

1939

CODE DE LA FAMILLE

Décret-loi du 29 juillet 1939

La lente recomposition

DEPUIS 80 ANS, LA POLITIQUE SE MÊLE DE LA FAMILLE.

1945

La loi de finances institue le quotient familial.

1965

La réforme des régimes matrimoniaux rend effective la **capacité juridique de la femme mariée.**

20 ans

1967

CONTRACEPTION

La loi Neuwirth établit le droit à la contraception.

1970

La loi 70-459 remplace la puissance paternelle par l'autorité parentale conjointe.

1972

Une loi crée l'allocation pour frais de garde et l'assurance vieillesse pour les mères de famille.

1975

IVG

La loi Veil légalise l'interruption volontaire de grossesse en cas de détresse.

DIVORCE

Le divorce par consentement mutuel est instauré.

1986

La loi relative à la famille crée l'allocation de garde d'un enfant à domicile (AGED).

...et sa traduction dans les statistiques

Le mariage en perte de vitesse

Évolution du nombre de mariages et de pacs en France

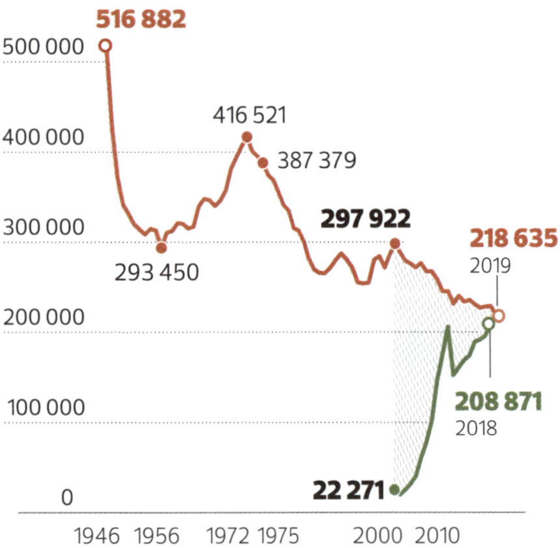

Source : Insee

Le taux de divorce a triplé en cinquante ans

Taux brut de divorce pour 1000 habitants en France métropolitaine

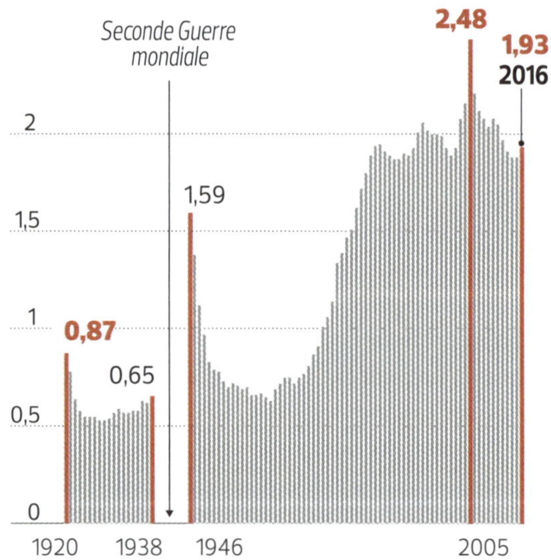

Sources : Ministère de la Justice et Insee, estimations de population

de la famille française

ELLE MODIFIE SES FONDEMENTS, ET FAIT ÉVOLUER SA PHYSIONOMIE.

1987

La loi Malhuret étend l'exercice de l'autorité parentale par les deux parents aux couples non mariés et aux couples divorcés.

1993

COPARENTALITÉ

La loi consacre le principe général de la coparentalité.

1999

PACS

Promulgation de la loi relative au pacte civil de solidarité (pacs).

2003

Instauration d'une prime à la naissance, prestation d'accueil du jeune enfant (Paje) libre choix du mode de garde...

2009

FILIATION

Réforme de la filiation : notamment abandon des notions de filiation naturelle ou légitime.

2013

MARIAGE POUR TOUS

Instauration du mariage homosexuel.

Abaissement du plafond du quotient familial.

2014

Les allocations familiales sont placées sous conditions de ressources.

2016

La loi de modernisation de la justice du XXIe siècle permet que le divorce par consentement mutuel puisse être prononcé sans passage devant le juge.

2017

GPA

La Cour de cassation autorise la transcription partielle en France de l'acte de naissance de l'enfant né d'une GPA à l'étranger.

2021

PMA

La révision de la loi bioéthique propose d'autoriser la PMA aux couples de femmes et aux femmes seules.

Des foyers moins nombreux...

Répartition des résidences principales selon le nombre d'occupants, en %

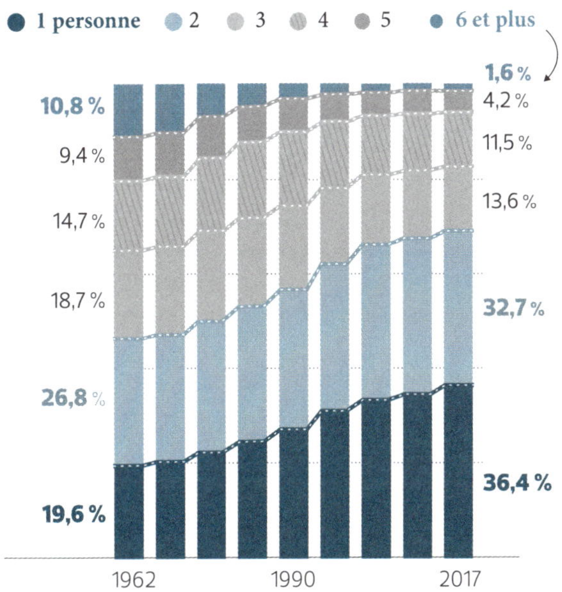

Sources : Insee

...et plus éclatés

Répartition des enfants par type de famille, en %

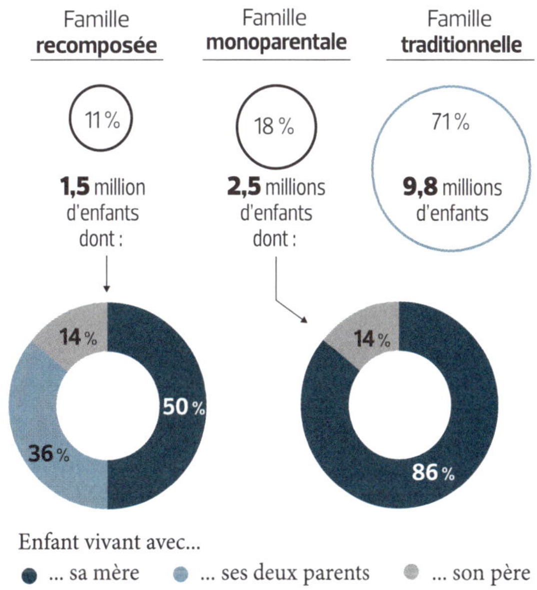

Source : Insee, enquête Famille et logements 2011

ECOLE
LIBERTÉ, EGALITÉ FRATERNITÉ

DU BERCEAU AU BUREAU : LES NOUVEAUX CHEMINS

« La formation de la faculté d'attention est le but véritable et presque l'unique intérêt des études », écrit la philosophe Simone Weil. À l'école, la vie collective et l'apprentissage, à commencer par celui des « humanités », dépaysent l'enfant et ouvrent l'espace dans lequel il pourra exercer ses dons. Comment l'accompagner dans cette étape cruciale ? Éléments de réponse.

Marc Fumaroli
« L'éducation doit ouvrir à la beauté du monde »

L'académicien Marc Fumaroli (1932-2020) a accordé au « Figaro » un vivifiant entretien consacré à la défense des « humanités », cette somme de savoirs linguistiques, littéraires et historiques fondamentaux.

*Propos recueillis par Vincent Tremolet de Villers**

MARC FUMAROLI : « FOURNIR AUX FUTURS ADULTES LES INSTRUMENTS DE LEUR LIBERTÉ D'ESPRIT. »

LE FIGARO. - Vivons-nous une rupture de transmission ?

Marc FUMAROLI. - Le mot transmission est un très beau mot. Il a la capacité de toucher le public actuel qui s'inquiète de l'état de l'Éducation nationale dans la France libéralo-socialiste. Mais il ne s'agit pas seulement de transmettre comme un bagage fourre-tout un « fonds commun » élémentaire, il s'agit de fournir aux futurs adultes les instruments de leur liberté d'esprit. (...) Quand nous parlons d'humanités, nous parlons d'un dialogue fécond avec les meilleurs esprits de notre lointain passé, avec les meilleurs poètes, les meilleurs artistes, dialogue d'aujourd'hui qui a été précédé par une suite de dialogues dont les fruits ont été d'une étonnante diversité et nouveauté. C'est cette fécondation passionnante et surprenante de génération en génération qu'il faut faire découvrir et intérioriser. Cela suppose tout autre chose qu'une « pluridisciplinarité » touche-à-tout dont les « ateliers » feraient, de la salle de classe une annexe des « performances » vouées à l'oubli des galeries d'art contemporain.

Une pédagogie de la comparaison demande l'apprentissage préalable de disciplines. Si l'on veut, par exemple, comparer un poème du XIXe siècle avec son modèle antique, pour en faire valoir l'originalité, il faut avoir déjà une bonne maîtrise grammaticale et sémantique de la langue mère et de la langue fille. Si l'on en fait autant en peinture, en sculpture ou en architecture, cela supposera que l'on a assez appris par exemple à « lire » dessins et relevés d'architectes d'époques diverses pour être capable de les comparer et d'évaluer les libertés que l'artiste a prises avec sa propre tradition...

Il y a un temps, dirait l'Ecclésiaste, pour s'approprier une discipline, et un temps pour se livrer à des exercices comparatifs justifiés. La pluridisciplinarité qu'invoque Mme Vallaud-Belkacem *(ministre de l'Éducation nationale de 2014 à 2017, NDLR)*, c'est un idéal pour l'enseignement et la recherche universitaires, entre disciplines déjà bien maîtrisées, et non dans l'enseignement secondaire, où il faut se rendre maîtres de disciplines, et non pas faire semblant d'en disposer prématurément pour se livrer à des rapprochements hasardeux. Pluridisciplinarité : une belle mais fallacieuse enseigne pour couvrir le renoncement du chef d'orchestre, le professeur, à surmonter la cacophonie des instrumentistes, les élèves, partant dans tous les sens. Les phénomènes humains peuvent toujours être abordés de différents points de vue, mais la pluridisciplinarité peut aussi devenir un alibi pour le touche-à-tout.

Comment expliquer l'indifférence devant l'effritement rapide de l'enseignement du grec et du latin au collège ?

La première explication, la plus évidente, c'est le fanatisme égalitariste dans le panneau duquel l'opinion publique et la classe politique françaises sont tombées. Dans les pays étrangers que j'ai fréquentés, je n'ai jamais rencontré à ce degré le pédantisme égalitaire, légitimé en France par la sociologie dite scientifique de Bourdieu et de ses nombreux disciples. On a osé faire du latin et du grec les symptômes les plus scandaleux d'un enseignement de classe qui afficherait et reproduirait la « distinction » d'« héritiers » privilégiés et insolents !

En réalité, les « riches » se fichent bien du latin et du grec, mais ils envoient leurs enfants étudier dans de coûteuses public schools anglaises ou suisses, infiniment plus élégantes et élitistes que nos lycées républicains. Habillage « scientifique » d'une jalousie sociale fantasmée, l'idéologie de la « distinction » veut ignorer le rôle que peut jouer une culture classique, acquise gratuitement au collège et au lycée laïcs (le luxe français des pauvres) dans l'ascension sociale de jeunes gens nés défavorisés !

Cela m'amène à une deuxième explication : la superstition du numérique, nouvelle religion appelée à abolir toutes les formes anciennes d'éducation de l'esprit, du cœur et de l'imagination et à en tenir lieu. Le numérique a beau être très utile aux esprits bien faits par ailleurs (aussi utiles qu'aux esprits tordus, hélas !), il ne saurait remplacer les humanités, qui ont fait leurs preuves depuis longtemps pour la formation d'esprits bien faits et libres. Le « tout numérique » dans l'enseignement, ce serait le triomphe de l'esprit grégaire et la disparition à terme d'individus pourvus d'esprit critique, que remplaceraient les réseaux sociaux anonymes de geeks. L'idée que les révolutions technologiques comportent des dommages collatéraux, dont il vaut mieux être averti à temps, se heurte en France au naïf fanatisme du progrès. La classe politique se refuse évidemment à prendre à rebrousse-poil un public d'électeurs conditionné jour et nuit par la pseudoscience de la jalousie sociale et par le bombardement publicitaire des dieux numériques, Samsung et Apple !

Troisième explication : l'utilitarisme à courte vue du « tout économique ». Ce point de vue ne peut et ne veut concevoir l'école et l'éducation que sous l'angle du rendement immédiat ; il évacue avec zèle, dans l'esprit terroriste de la « destruction créatrice » célébrée par Schumpeter, les joyaux les plus précieux de notre patrimoine symbolique, la langue, la longue mémoire, la beauté, le goût, la délicatesse de l'esprit et du cœur.

Comment revenir sur ces ostracismes portés par l'air du temps ?

Je m'étonne que semble aller de soi la légèreté avec laquelle l'État français et les institutions communautaires européennes abordent ces questions d'éducation d'où dépendent l'avenir de nos nations, l'assimilation de nos immigrés, l'éclat de nos lettres, de nos arts, l'autorité de nos érudits.

À ce propos, je rappelle en passant que le latin et le grec anciens sont les bases indispensables de nombreuses disciplines savantes où nous, Français, avons toujours brillé, études latines et grecques, bien sûr, mais aussi études médiévales et byzantines, études de l'Europe humaniste et classique. Le rétrécissement et même la disparition programmée, dans

« L'utilitarisme à courte vue du "tout économique" évacue avec zèle les joyaux les plus précieux de notre patrimoine symbolique, la langue, la longue mémoire, la beauté, le goût, la délicatesse de l'esprit et du cœur »

le secondaire, d'un vivier de latinistes et d'hellénistes tôt et bien entraînés menacent en France l'avenir et la qualité de ces sévères sciences de l'homme, qui n'en prospèrent et n'en prospéreront pas moins, mais ailleurs, des deux côtés de l'Atlantique. Où sont les réformateurs français et européens qui, détachés de la conjoncture politique à court terme, se préoccuperaient de concevoir de nouvelles humanités et leur place plus que légitime dans l'enseignement ? On n'en a pas moins vu, rue de Grenelle, se succéder de ministre en ministres les réformes improvisées, et même des « États généraux », aussi absurdes que stériles.
Un certain déclinisme, allié subconscient du nihilisme, nous condamne à ces brouillages officiels et médiatiques. Tant de bruit voile mal une fuite en avant dans la dégradation du collège et du lycée et une indifférence foncière envers de jeunes générations privées de la nourriture qu'elles méritent et qui se ressentent de leur privation. Il nous manque la volonté. Rien n'est fatal. La tâche du siècle, dans notre pays, ce serait le dessin des grandes lignes d'une éducation française qui soit aussi européenne, d'une éducation scientifique qui soit aussi humaniste.

Que répondre sur l'inutilité d'une langue morte ?

Une éducation purement utilitaire serait pratiquement inutile, ce ne serait plus une éducation, mais une tautologie. Sauf dans les formations professionnelles de haut niveau, tout ce qui est utile au monde hypernumérique dans lequel nous vivons s'apprend aujourd'hui très tôt et sur le tas, par l'expérience plus que par la théorie et le discours. Ce n'est pas en redoublant cette appropriation spontanée au monde numérique que l'école jouera son rôle d'éveilleur des esprits. En revanche, apprendre le latin et le grec, parvenir tôt à lire Virgile ou Platon dans le texte, à contre-courant des savoirs et savoir-faire communs, c'est le cas typique et le symbole de ce qu'il entre de gratuit et de gratifiant dans toute éducation digne de ce nom.

Pourquoi ?

Par excellence, l'apprentissage et la maîtrise du latin et du grec ouvrent aux jeunes esprits des perspectives dont les prive la culture exclusive de l'immédiat et de l'utile. L'étude du sanscrit ou du mandarin en ferait autant. Messagères d'un monde lointain, et qui n'en était pas moins humain et reconnaissable pour tel, ces langues, pas si mortes que cela pour leurs locuteurs et lecteurs, ouvrent l'esprit à la différence et à la ressemblance avec d'autres mondes que le nôtre. Nous voilà dotés, à partir de là, de l'expérience nécessaire pour prendre du recul sur notre propre actualité, et pour aborder, avec sympathie de principe et distance critique, d'autres mondes que le nôtre dans l'humanité d'aujourd'hui. En somme, les conditions préalables à l'exercice de la liberté d'esprit commencent à être réunies. Si l'Europe a été la partie du monde la plus inventive, la plus dégagée des routines, la plus novatrice, la plus curieuse de tout ce qui est humain, si elle a inventé l'humanité plurielle qu'il nous faut sauver de la haine jalouse que lui portent les nouveaux barbares, c'est que, depuis la chute de l'Empire gréco-romain jusqu'à nous, l'éducation des Européens a été fondée sur une comparaison critique incessante entre l'expérience antique et l'expérience moderne. L'expérience antique en acte a préservé l'expérience moderne et chrétienne en devenir de se contenter d'imiter et de répéter. L'émulation avec l'antique, la réponse au défi de l'antique, tel a été l'aiguillon du développement de notre Europe. Ce dialogue incessant et fécond avec les vestiges les plus surprenants du passé est un exemple unique. Il n'a rien perdu de son pouvoir de mûrir les esprits.

Par exemple ?

Je n'en finirais jamais ! C'est vrai dans toutes les saisons de nos arts, roman, gothique, humaniste, classique, néoclassique, romantique, tantôt plus proches du modèle en acte, tantôt prenant ses distances avec lui. L'Antique dans les arts a pu être concurrencé au début du XXe siècle par l'exotique ou le primitif, c'est le même jeu fécond d'émulation qui se poursuit avec les classiques en acte.

Prenons Montaigne, qui est aujourd'hui devenu populaire en France grâce à Antoine Compagnon. Les *Essais* sont fondés sur une comparaison constante entre l'actualité tragique de la fin du XVIe siècle et la leçon des Grecs et des Latins qui ont connu, eux aussi, les guerres civiles. L'anthropologie, belle et bonne science européenne dont Montaigne est l'un des inventeurs, compense par sa générosité cognitive l'utilitarisme colonial et prédateur. Elle doit tout aux humanités grécolatines. Voyageurs et missionnaires, voire militaires du calibre de Lyautey, n'auraient jamais fait l'effort de comprendre et sauver des langues, des mythologies, des œuvres d'art, des mœurs de peuples découverts par les explorateurs européens, s'ils n'avaient été éduqués à étudier, et mémoriser, dans le sillage des humanistes, les langues, les mythologies, les arts, les mœurs et les manières de l'Antiquité classique. Peut-être faudrait-il que cette genèse de l'anthropologie moderne dans l'éducation classique soit mieux connue de notre élite gouvernementale ?

L'école contemporaine a-t-elle le souci de faire connaître les autres cultures ?

Les musées s'y emploient aussi, de plus en plus résolument. J'ignore si l'école les relaie comme elle devrait. Je crains que l'on omette de mettre en perspective la millénaire habitude européenne de se confronter en profondeur avec le monde classique gréco-latin. Si on a été élevé dans le respect, l'admiration de civilisations qui ne sont plus les nôtres, mais dont nous avons compris la parenté avec nous, quelle meilleure préparation à admirer, à comprendre, les différentes cultures et civilisations que contient vivantes (c'est le cas en Inde) ou dont a hérité un monde globalisé par nous et que nous devons donc aider à se soustraire à la trop fameuse « destruction créatrice » dont nous souffrons autant que lui. Élargissons les humanités, oui, mais n'oublions jamais d'où elles nous viennent.

Vous avez enseigné à l'université de Chicago. Les humanités y sont-elles encore au programme ?

Nos voisins européens et nos amis américains n'ont pas été aussi loin que nous dans l'ostracisme de l'enseignement des langues et littératures classiques. Nous nous trouvons en état de régression par rapport à eux. Le « liceo classico » italien n'a pas été pour l'essentiel retouché, ce qui explique la facilité avec laquelle les jeunes Italiens bien formés dans ces lycées sont prêts à s'adapter à toutes sortes de professions et organismes de recherche en France comme en Europe et aux États-Unis, selon une tradition d'expatriation qui remonte au XVIe siècle. Le lycée classique allemand (« Humanistische Gymnasium ») a mieux résisté que nos propres collèges et lycées, à ce qu'on me dit, au pédagogisme. Le gouvernement

« Les ordinateurs font écran au monde des qualités, des saveurs, de l'humain et du divin incarnés, ils nous sèvrent de nos cinq sens, réduits aux fantômes qu'un effleurement de l'index fait surgir dans et sous le verre de la tablette numérique »

conservateur anglais actuellement au pouvoir, débarrassé des pleurnicheries égalitaristes du blairisme, favorise un retour aux humanités dans de nombreux établissements secondaires publics. Quant aux États-Unis, s'il est certain que l'ensemble des Américains scolarisés ne fait pas de grec ni de latin, les parents qui en ont les moyens disposent de ce qu'on appelle « College of Arts », où le latin et le grec sont enseignés dès ce que nous appelons la sixième.

(...)

Aux États-Unis, nation aussi idolâtrée en France que mal connue, il n'existe pas de « mammouth » washingtonien qui régit en bloc, comme le Docteur Knock de la Rue de Grenelle, tout le système éducatif public de l'État fédéral. Une extraordinaire diversité prévaut dans tous les ordres d'enseignement. Le « tout numérique » prévaut en Californie, siège de la Silicon Valley et de ses nombreux vassaux universitaires, mais le même État héberge un tout autre Vatican, celui de l'histoire mondiale des arts, le « Getty ». La côte Est, siège de l'Ivy League, se pique de fidélité à l'enseignement classique des humanités. Elle fourmille en centres de recherche prestigieux où exercent les sommités de leurs disciplines, la byzantinologie à Dumbarton Oaks, l'hellénisme et la latinité, traités à égalité avec l'héritage d'Einstein et d'Oppenheimer, l'histoire de l'art érudite dans la tradition d'Erwin Panofsky, à l'Institute for Advanced Study de Princeton. À Harvard, le fameux MIT recrute volontiers de jeunes latinistes et hellénistes surdoués, dont il juge l'esprit affranchi des conformismes intellectuels et des chemins battus par la logique binaire, donc plus imaginatifs que leurs contemporains issus de filières exclusivement modernes. D'où viennent ces petits génies révélés à eux-mêmes par l'Antiquité classique ? Des Colleges of Arts, privés - et coûteux -, pas très nombreux, mais répartis sur tout le territoire, le plus souvent dans les États riches, comme le Texas. D'où viennent leurs professeurs de grec et de latin, souvent francophones, qui enseignent si confortablement dans ces collèges outrageusement élitistes ?

Eh bien, puisque vous venez d'évoquer l'université de Chicago, où j'ai longtemps enseigné les lettres françaises, cette puissante et austère institution a été le foyer du néolibéralisme économique de Milton Friedman, et aussi celui du néoconservatisme politique des William Kristol et des Allan Bloom. Cependant, fourmillant déjà de Prix Nobels, elle est aussi le siège du Committee on Social Thought, fondé en 1941 par John U. Nef dans un esprit pluridisciplinaire, et où enseignèrent longtemps le grand politologue allemand Leo Strauss, interprète éminent de la pensée grecque, la grande dame de l'heideggerisme, Hannah Arendt et le Prix Nobel de littérature, Saul Bellow. Les étudiants boursiers du Committee, plongés pendant plusieurs années dans ces séminaires juxtaposés, tous de très haut niveau, et en fin de parcours, auteurs de thèses de qualité, si les chasseurs de têtes ne les ont pas déjà recrutés dans l'administration ou les affaires, peuvent au moins aller enseigner dans les riches Colleges of Arts.

« L'univers technologique secrété par les surdoués de la logique binaire (...) prolonge et métamorphose démesurément le monde fantasmatique du machinisme »

Est-ce une bonne idée de remplacer les livres scolaires par des tablettes numériques ?

Encore une idée du Dr Knock de la Rue de Grenelle, d'autant plus favorablement accueillie qu'elle flatte le conformisme ambiant du « tout numérique ». Le livre, sous sa forme traditionnelle, ne survivrait donc que pour les riches bibliophiles et leur famille. Les enfants du tout-venant n'auraient plus à se mettre sous la dent que cet objet glacial, la tablette, et à se passer sous les yeux les aveuglants écrans du livre numérique. Ce fantôme de livre, désincarné du papier, de l'encre, des pages, du cartonnage de son original, a perdu l'autonomie d'objet vivant qui lui est propre. Entre l'invasion du « tout numérique » et la retraite progressive de l'enseignement des humanités, on a instauré en haut lieu une corrélation qui rend inévitable à terme la disparition des secondes, alors que l'on devrait chercher une souhaitable coopération et compensation entre les deux univers mentaux d'où ils procèdent.

L'univers technologique secrété par les surdoués de la logique binaire répond, à l'évidence, à un postulat de l'esprit humain, il prolonge et métamorphose démesurément le monde fantasmatique du machinisme et il achève de le substituer au travail servile, à la condition toutefois de mettre entre parenthèses la fabrication de ces tablettes par un féroce travail à la chaîne dans de gigantesques villes-dortoirs chinoises ou coréennes, et de mettre en garde les usagers contre les dommages collatéraux de l'accoutumance à ces petits chefs-d'œuvre d'horlogerie informatique...

Le plus grave de ces dommages est l'atrophie sans douleur et sans symptôme, sinon à long terme, d'un autre mode de notre rapport au monde et aux êtres. Cet autre mode, allégorique et non algorithmique, analogique et non linéairement logique, nous donne accès à l'univers de la qualité, de la saveur, de l'ambiguïté, de la beauté, de l'amour, du goût, où se fait et se défait notre bonheur. À cet ordre immémorial du connaître, l'on ne peut être éduqué que par la pratique des arts ; des lettres, et de rites sociaux délicats et doux. Ce que peut faire de mieux l'école, si possible secondée par la famille, c'est d'éveiller les enfants et les adolescents à ce monde et à ce mode du vivant, c'est-à-dire de la qualité et des saveurs, en d'autres termes de la poésie. L'éveil à l'esprit poétique, pour le moins aussi humain que l'autre, son jumeau logiciel, mais beaucoup plus ancien, beaucoup moins abstrait, libère les jeunes âmes qui s'ignorent de ce qui les enferme dans le monde utilitaire et manipulable de la quantité.

C'est là l'enjeu ultime et le sens profond du combat que Jacqueline *(de Romilly)* et moi avons mené pour un retour en fanfare des humanités à l'école et pour l'immersion des jeunes générations dans l'univers que leur nature intuitive postule, pour le moins autant que l'univers numérique rassasie leur nature logicienne. À l'univers des affinités électives cher à Goethe donnent accès la comparaison, la métaphore, les figures, le rythme, le rite, toute la technologie artisanale des poètes, des artistes, des anthropologues, des mystiques.

Ce que peut faire de mieux l'école, si possible secondée par la famille, c'est d'éveiller les enfants et les adolescents à ce monde et à ce mode du vivant, c'est-à-dire de la qualité et des saveurs, en d'autres termes de la poésie.

Qu'avons-nous perdu ?

Perdus, ou plus exactement oubliés et ignorés ensemble, cet autre monde qui est la vraie patrie de nos sens, de notre cœur, de notre esprit, et le mode imaginatif du connaître, cet autre monde par le jeu baudelairien des correspondances. Avez-vous entendu un seul de nos écologistes français, intarissables sur la pollution et le changement climatique, se préoccuper de l'hypertrophie numérique dès l'enfance et de l'atrophie de l'enseignement du poétique et du beau ? Si peu enviable par ailleurs, le passé, moins avancé que nous dans l'abstraction, avait du moins un rapport plus direct avec cette expérience du monde et des autres qui s'exprime par métaphores.

Dans ses chefs-d'œuvre littéraires et artistiques, le passé nous a laissé de fabuleux témoignages sur cet autre mode du connaître dont nous sommes de plus en plus exilés dans nos machines à habiter et devant tous nos écrans. Ils font écran au monde des qualités, des saveurs, de l'humain et du divin incarnés, ils nous sèvrent de nos cinq sens, réduits aux fantômes qu'un effleurement de l'index fait surgir dans et sous le verre de la tablette numérique. N'ayons plus peur du passé, c'est un excellent ami. Filtré par le temps, il ne nous a laissé que le meilleur de lui-même, quelques clefs pour rouvrir à notre tour les portes de la perception et de la connaissance analogiques. Virgile, Dante, Shakespeare, Hugo n'ont jamais pris une ride.

Du même mouvement, délivrons-nous de la pathologie égalitariste, elle a brisé les élans ambitieux de notre république méritocratique. Là se trouvait, pourtant, le ressort de la vitalité ascensionnelle de cette société séculière. Dépouillés de ce puissant ressort qui pousse vers le haut et le rare, nous sommes passés tour à tour d'un sentiment de stagnation à l'obsession névrotique de sombrer dans un triste et monotone déclin. Il serait temps d'en sortir. ■

**Entretien paru dans* Le Figaro *les 1er et 2 avril 2015.*

Avant l'âge scolaire, mettre la pression sur les petits en voulant accélérer leur formation est en fait contre-productif.

« Laissez les enfants jouer », alertent les pédiatres

*Par Pauline Fréour**

Frapper une casserole avec une cuillère - « bong » -, courir après un autre enfant - « chat » -, se cacher derrière ses mains et bondir - « coucou » - pour la dixième fois... Jouer est un immense plaisir, mais on aurait tort d'oublier que c'est, aussi, le socle du développement de l'enfant. « *Jouer n'est pas frivole. C'est comme cela que le cerveau se construit* », vient d'ailleurs de rappeler l'Académie américaine de pédiatrie, alarmée par le recul du temps dédié au jeu dans l'agenda des tout-petits, au profit d'activités jugées plus formatrices.

Dans une étude publiée en août 2018 dans la revue *Pediatrics*, les pédiatres s'émeuvent d'une tendance sociétale qui met l'accent sur l'apprentissage académique très tôt, trop tôt. « *Aux États-Unis, 30 % des enfants en maternelle se sont vu supprimer leur récréation au profit des cours. Entre 1981 et 1997, les enfants âgés de 3 à 11 ans ont perdu 12 heures de temps de jeu par semaine* », énumère l'article scientifique au ton de plaidoyer.

Le désir légitime d'assurer à sa progéniture le meilleur avenir possible et de l'amener à atteindre son plein potentiel est partagé par de nombreux parents qui en viennent parfois à faire des choix contre-productifs, mettent en garde les experts. Ainsi, rappellent-ils, les pays ayant de longues récréations enregistrent tout de même de bons résultats scolaires. Et la recherche scientifique montre que les meilleures applications sur tablette ou smartphone favorisent moins l'apprentissage qu'un jeu de la vie réelle. Les bénéfices du jeu sont du reste connus et bien documentés. En jouant, l'enfant apprend à interagir avec autrui, à régler des différends par la parole et à se concentrer. Il explore les objets et le monde qui l'entourent, apprend à s'adapter à des situations nouvelles et rejoue des scènes vécues pour mieux se les approprier. Il acquiert des bases de langage et de mathématiques. « *Quand un enfant joue, c'est sérieux* », confirme Sophie Marinopoulos, auteur de *Dites-moi à quoi il joue, je vous dirai comment il va* (Marabout). À l'instar d'un scientifique, « *il conduit ses propres expériences, qui deviennent ludiques dès lors qu'il a plaisir à les répéter. Il fait des essais-erreurs en permanence et acquiert ainsi la connaissance. Chaque enfant avance à son rythme, mais tous vont dans la même direction. C'est pourquoi il ne faut pas juger le déroulé du jeu avec les notions de bon et mauvais* », souligne la psychologue, fondatrice du centre d'accueil Les Pâtes au beurre, dédié aux familles, à Nantes. Certaines situations sont d'ailleurs trompeuses : « *Vers 18 mois, 2 ans, l'enfant joue à se tromper - en essayant par exemple de mettre le bloc rond dans le trou dédié à l'étoile. Il sait que ça ne correspond pas et cette connaissance le fait jubiler.* »

En jouant, l'enfant apprend à interagir avec autrui, à intervenir à tour de rôle, à régler des différends par la parole et à se concentrer

Le jeu doit donc rester un espace de liberté. « *Tant qu'un enfant a envie de continuer son jeu, il faut le laisser faire car cela signifie que ça lui apporte quelque chose* », estime le Pr Raphaële Miljkovitch (université Paris-VIII), cofondatrice du Centre de conseil en éducation et scolarité. Sophie Marinopoulos recommande d'autoriser l'enfant à garder quelques-uns de ses jouets « de bébé » préférés car ils lui rappelleront à quel point il a grandi. Et l'adulte, dans tout ça ? « *Il est là pour être avec, être à côté, mais pas pour faire à la place de l'enfant et juger* », conseille Sophie Marinopoulos. « *L'adulte donne à l'enfant des astuces pour explorer le monde et lui transmet des informations sur ce qui est approprié, notamment dans les jeux physiques, où il apprend où s'arrêter* », ajoute Raphaële Miljkovitch.

Pour autant, inutile de culpabiliser si faire rouler des petites voitures ne suscite en vous qu'un enthousiasme modéré. « *Il ne faut pas basculer dans l'excès du ludique à tout prix,* nuance Raphaële Miljkovitch. *Les parents se sentent beaucoup plus d'obligations que par le passé, or ils ont aussi une vie. À force d'assister l'enfant, on peut nuire à sa capacité d'initiative et de créativité. Se mettre à son niveau est une bonne chose mais c'est aussi bien qu'il côtoie des adultes qui ne font pas d'effort, parce que le monde ne va pas toujours s'adapter à lui.* » ■

**Article paru dans* Le Figaro santé *le 29 août 2018.*

Bernard Lahire
« L'éducation, une exigence de tous les instants »

BERNARD LAHIRE : « LA RÉUSSITE N'EST JAMAIS AUTOMATIQUE. »

Sociologue, Bernard Lahire s'interroge sur la façon dont les parents peuvent faire « réussir » leur enfant. Il est l'auteur d'« Enfances de classe », publié au Seuil.

*Propos recueillis par Marie-Estelle Pech**

LE FIGARO. - À qui votre livre peut-il être utile, au-delà de votre constat sur les inégalités ?
Bernard LAHIRE. - Son but n'est pas de proposer des recettes d'ascension aux familles. C'est aux hommes politiques que je m'adresse principalement, pour qu'ils luttent contre ces différences sociales. Mais on peut tirer quelques enseignements des stratégies et atouts invisibles des familles aisées. Elles contrôlent savamment la vie de leur enfant et font preuve d'une exigence de tous les instants. Quand on fait du sport, par exemple, c'est pour dépasser ses limites, favoriser le sens de la compétition. Dans les milieux populaires, c'est d'abord pour se défouler ou s'amuser. Pour ces parents, « ce ne sont que des enfants » qu'il ne faut pas « assommer » de travail après l'école. Les sorties, les films, les livres sont ludiques, car il faut « se faire plaisir ». À l'in-

verse, plus vous montez dans l'échelle sociale, plus la culture de l'effort et l'esprit de compétition sont importants. Très tôt, on pousse l'enfant et on le considère comme un petit adulte. On contrôle ce qu'il lit, ce qu'il regarde. Hors de question de le cantonner aux histoires « bêtifiantes ». Les livres doivent être réalistes, esthétiques, plutôt que pratiques, avec une attention pour la finesse d'écriture. L'auteur pour la jeunesse Claude Ponti est souvent cité. Pour espérer accéder à une grande école, on favorise aussi l'entre-soi dans des écoles privées ou publiques « fréquentables ». Les situations trop mixtes socialement sont évitées.

L'autorité diffusée dans les milieux favorisés est beaucoup plus douce que celle des milieux populaires…

On va beaucoup expliquer à l'enfant pourquoi on le punit. L'imposition des règles se fonde davantage sur l'explication de leur sens et de leur raison que sur une imposition de l'autorité. La lecture de livres de psychologie moderne est passée par là. Plus bas dans l'échelle sociale, on a tellement l'habitude de l'arbitraire qu'on l'inflige à ses enfants. On ordonne sans discussion. Les classes moyennes et supérieures ne parlent pas « bébé » à leur enfant. Elles utilisent très tôt des phrases complexes, même quand celui-ci n'est pas encore en capacité de comprendre. On l'immerge dans les conversations d'adultes, alors qu'ailleurs on l'écarte, le jugeant « trop petit ». Enfin, l'utilisation des jeux de mots, du second degré, de l'humour et de l'ironie semble omniprésente chez les plus aisés.

Mais des enfants de familles privilégiées échouent parfois ! Cela n'a rien d'automatique…

La réussite n'est jamais automatique. Mais les trajectoires descendantes sont rares. Même les cancres ne s'en sortent jamais vraiment mal. Dans l'enseignement supérieur, des écoles privées de troisième zone vont leur mettre le pied à l'étrier. Tout petits, ils ont, grâce à leur famille, une estime d'eux-mêmes importante. Ils sont très à l'aise pour contester les questions des chercheurs, par exemple. Leur esprit critique est bien plus développé que la moyenne. Pour décourager l'ambition d'un garçon issu d'un milieu supérieur, il faut y aller ! Cette confiance vient en grande partie du milieu. Entourés de gens qui ont réussi, leur propre réussite va de soi. Comme pour cet élève faible avec un 8 de moyenne en terminale dont le père était chirurgien. Il était persuadé qu'il réussirait médecine, et ça a été le cas. Dans un autre milieu, il n'aurait même pas tenté le concours.

Pour les familles de classe moyenne, ce n'est pas simple…

Il s' en faut de peu pour qu'elles plongent ou s'élèvent dans la hiérarchie sociale. Elles ont des stratégies éducatives s'efforçant d'organiser des jeux éducatifs en famille, des sorties culturelles ou à la bibliothèque. Mais refusent souvent la compétition au nom du bien-être de leur enfant, comme telle famille « catho de gauche ». Les grandes réussites en milieu populaire sont quant à elles très minoritaires. Vérifier les devoirs le soir, c'est insuffisant. Il faut aussi intégrer toute une stratégie d'autocontrôle vis-à-vis des écrans, des loisirs, du langage, de l'éducation, très éloignée de leurs habitudes. ■

**Entretien paru dans*
Le Figaro *le 19 septembre 2019.*

Bien qu'elle façonne des êtres malhabiles et incomplets, l'étude des matières abstraites reste le comble du chic.

Pourquoi l'école n'enseigne-t-elle plus la cuisine et le bricolage ?

*Par Madeleine Meteyer**

Vous ne savez pas cuisiner une blanquette ? Deliveroo vous en livrera une dans 200 villes françaises, Uber Eats dans 326. Autrement, vous trouverez ce qu'il vous faut au rayon surgelés, au fond du magasin, à gauche. Vous ignorez comment réparer une fuite d'eau ? Réparer votre vélo ? Le secteur tertiaire vous tend la main, ouvrez les Pages jaunes. En 2020, on peut vivre sans avoir prise sur les éléments autour de soi, une personne dont c'est justement le métier ne se trouve jamais loin.

Ce nouveau palier de la civilisation - pensez au temps gagné - est-il libérateur ? Ou foncièrement aliénant ? Dans *L'Éloge du carburateur* (Éditions La Découverte, 2010), le philosophe Matthew Crawford plaide la seconde théorie. Il écrit : au sein « *des économies de la connaissance* », ce qui est « *matériel devient mystérieux, puisqu'on ne le manipule plus jamais. On est alors dépendant de ceux qui ont l'air de savoir* ». Le « on » désigne la couche de la population occupant un emploi qui n'est pas manuel (sans qu'il soit nécessairement intellectuel).

Cette couche de malhabiles s'est épaissie sous l'influence de plusieurs phénomènes, dont deux majeurs : la technicité renforcée des machines - on n'y comprend plus rien - et l'évincement des savoirs manuels des programmes scolaires. En France, l'école a appris aux élèves, pas seulement aux filles, comment coudre et déboucher un évier jusqu'en 1985. Et puis, plus rien. Sauf à ceux qui partent en classe Segpa (1) après avoir échoué - notes catastrophiques exigées - dans le parcours classique. Une combinaison de condescendance, de pingrerie et de course à la modernité explique cette disparition. Dans notre pays, c'est la loi du 28 mars 1882, celle qui établit la scolarité obligatoire jusqu'à 13 ans, qui introduit le travail manuel (masculin) dans les programmes. Aux matières de base - histoire, géographie, mathématiques, français - s'ajoutent alors le graphisme, le travail du bois et du fer, la botanique. Les écoles n'ont pas toutes les mêmes équipements et donc la même palette de matières. Le but est double : rendre le futur travailleur polyvalent, la machine entreprend déjà de le concurrencer, et rassurer les parents les plus pauvres : votre enfant ne peut plus aller à l'usine à 8 ans mais voyez, l'école ne lui apprend pas seulement que le soleil se couche à l'ouest.

MAINTENIR LE PEUPLE À SA PLACE

Dans les établissements féminins, les « travaux à l'aiguille » sont omniprésents ainsi que la puériculture, l'hygiène et la cuisine pour celles qui poursuivent leurs études. L'ambition est de les ancrer sur terre, ces petites, de leur mettre les mains dans le pétrin pour *« les détourner des prières »* (dixit le professeur Joël Lebeaume). Le promoteur des lycées et collèges de jeunes filles, Camille Sée, en expose le principe en 1879 : *« La France n'est pas un couvent, la femme n'est pas dans ce monde pour être religieuse. Elle est née pour être épouse, elle est née pour être mère. »* Qui cuisine, coud, nettoie, tient ses comptes, détourne par un intérieur chatoyant le mari du cabaret. Et renforce ainsi la cellule familiale, première cellule sociale. Dès leur introduction, ces matières font grincer les mâchoires. Moult parents considèrent que l'école doit être au-dessus de ça. Ceux des campagnes s'inquiètent de voir leurs petits, destinés à la paysannerie, apprendre des métiers d'ouvriers. Et s'ils décidaient de rejoindre la ville ? Et s'ils viraient canailles des boulevards ? D'autres voix se joignent au chœur des grognons : celles des classiques qui pensent que seules les humanités (latin, grec, musique) fécondent l'intelligence. Les républicains, alors au pouvoir, s'accrochent. Ennoblir la réputation du travail manuel est pour eux une mesure sociale qui apprendra aux prolétaires à aimer leur métier. Et à demeurer à leur place. Enseigner la vannerie aux écoliers doit épargner une révolution.

Qui cuisine, coud, nettoie, tient ses comptes, détourne par un intérieur chatoyant le mari du cabaret. Et renforce ainsi la cellule familiale, première cellule sociale

N'empêche qu'ils n'aident pas à faire passer la pilule, les républicains. Les cours manuels ne figurant pas au programme des examens (ni du certificat d'études primaires élémentaires, ni des brevets de capacité), il est difficile de les prendre au sérieux. Seules les filles doivent se soumettre à une épreuve de couture. L'État ne donne pas d'argent pour installer les ateliers - on ne bat pas le fer dans une salle de classe - et certains instituteurs mettent eux-mêmes la main au porte-monnaie (2).

Dans les années 1890, un certain René Leblanc, inspecteur général, insiste pour relier l'enseignement manuel à « l'enseignement ordinaire » pour le dispenser d'atelier et lui donner la légitimité d'une vraie matière. Fabriquer de petits objets aidera à comprendre les théories mathématiques. Non, mieux : fabriquer de petits objets sera indispensable pour comprendre les théories mathématiques. Destinée à sauver la place de l'enseignement manuel à l'école, l'intervention de cet homme contribuera à le réduire à un faire-valoir des matières classiques. Lors de la refonte des programmes en 1923, si le gouvernement demande sa mise en valeur, c'est parce qu'il peut « tirer de l'embarras » (qui n'a pas chez soi des tiroirs qui menacent de se déboîter, des robinets de fuir ?). La visée d'ennoblissement de la Troisième République s'est volatilisée.

Durant cette même période, premier tiers du XXe siècle, les écoles ménagères prolifèrent.

« Ces établissements étaient un prolongement des études primaires mais n'avaient pas la prétention des études supérieures, explique l'historienne Rebecca Rogers, professeur à l'Université de Paris. *Grâce à cet enseignement, les élèves pouvaient prétendre à une petite promotion sociale : viser les nouveaux métiers du social ou passer des diplômes de puéricultrice ou de gouvernante. L'enseignement pouvait comprendre la comptabilité familiale ou le droit de la famille. On en faisait des ménagères scientifiquement compétentes, capables de se tourner vers le marché du travail. »* Averties qu'une tache de sang se lave à l'eau froide, l'eau chaude entraînant la coagulation.

« IL N'Y A PAS D'URGENCE À APPRENDRE LA DÉBROUILLARDISE »

Sauf que ces cours étaient fréquentés par les sans-le-sou. Ce qui n'est pas un problème en soi mais signifie que les bourgeois envoyaient, quand elles en avaient l'ambition, leurs filles dans des écoles classiques, pleines de garçons, où elles récitaient les déclinaisons latines. Même les parents d'élèves des milieux modestes faisaient la moue face à ces formations pratiques (ce n'est pas à l'école d'enseigner la couture, etc.). La déconsidération du travail manuel n'épargnait pas ceux qui en vivaient.

Les années 1980 fermeront ces écoles. Comme elles éjecteront les cours manuels du cursus général. Joël Lebeaume (3), professeur en sciences de l'éducation à l'Université de Paris, décrypte *« ce choix politique » : « Après l'allongement effectif de la scolarité jusqu'à 16 ans en 1971, l'école ne vise plus la préparation à la vie. L'école doit préparer à l'école, à la poursuite d'études qu'on veut plus longues. Il n'y a donc pas d'urgence à apprendre la débrouillardise. Et puis la modernité des années 1960-1970 a rendu l'apprentissage du geste obsolète. Pourquoi apprendre à battre des blancs en neige quand on dispose d'un robot mixeur ? »* Quand la mixité, déjà répandue depuis 1924, est généralisée, en 1975, l'enseignement des filles est donc aligné sur celui des garçons - qui comprend moins de matières pratiques.

La suite se déroule logiquement : *« Entre 1975 et 1985,* raconte Joël Lebeaume, *l'école apprend toujours, cette fois aux filles et aux garçons, à remplir un chèque, à coudre à la machine ou à monter un mur mais il est entendu que ces savoirs sont destinés aux élèves les moins conceptuels. Quand est lancée la modernisation de l'école en 1985, l'urgence est de l'adapter au monde. La technologie se substitue à l'éducation manuelle et technique. »* Ce choix n'est pas fait par tous les pays avancés, au Japon et en Europe du Nord, on continue d'apprendre « les sciences et techniques du foyer ». Si d'aventure vous vous grattez le crâne, perplexe devant un tuyau de douche qui se débine, ayez donc une pensée pour Jean-Pierre Chevènement, ministre de l'Éducation nationale de 1984 à 1986, grand ordonnateur de cette marche rapide vers un monde plus abstrait. ■

« Quand est lancée la modernisation de l'école en 1985, l'urgence est de l'adapter au monde. La technologie se substitue à l'éducation manuelle et technique »
JOËL LEBEAUME

(1) Section d'enseignement général et professionnel adapté.
(2) « L'introduction du travail manuel dans les écoles primaires de garçons, 1880-1900 », de Renaud d'Enfert, « Histoire de l'éducation », nº 113, janvier 2007.
(3) Et auteur de nombreux ouvrages dont « L'Enseignement ménager en France : sciences et techniques au féminin : 1880-1980 », Presses universitaires de Rennes, 2014 et « École, technique et travail manuel », Delagrave, 1995.

**Article paru sur lefigaro.fr le 21 septembre 2020.*

Avec l'espoir de conjurer les défaillances de l'Éducation nationale, les 1 530 écoles hors contrat de l'Hexagone rivalisent d'audace et de créativité.

Hors-contrat : un laboratoire pour l'école

*Par Guyonne de Montjou**

Quelques mots suffisent à les identifier : Montessori, Steiner-Waldorf, Freinet, écolos, autogérées, bilingues, « tradi », islamiques, talmudiques, écoles pour enfants dyslexiques, sportifs, autistes ou précoces... Pourtant, la galaxie des écoles hors contrat est plus large que ces appellations. Il y en a autant que d'hommes ou de femmes volontaires qui ont décidé de les faire naître. Sur les 8 millions d'enfants âgés de 6 à 16 ans et soumis à l'obligation scolaire en France, seuls 75 000 (soit 0,9 %) sont instruits dans les écoles hors contrat.

Ce petit score ne dit rien du poids symbolique que ces établissements alternatifs endossent. Ils font office de laboratoire, de vivier pour les éducateurs. En proposant des horaires aménagés, des enseignements à partir de méthodes pédagogiques innovantes, en gardant la main sur le recrutement de leur corps enseignant, ces lieux d'apprentissage permettent l'émergence d'une réalité éducative que l'enseignement public feint d'ignorer.

« Le principe de nos écoles est l'autonomie du directeur et du recrutement, explique Éric Mestrallet, fondateur d'Espérance banlieues, qui anime déjà un réseau de 17 écoles en France. *Dans les établissements privés sous contrat d'association avec l'État, les enseignants reçoivent chaque mois un chèque signé du Tré-*

sor public. Nous rémunérons nous-mêmes nos professeurs qui s'engagent à partager le projet pédagogique et, croyez-moi, cela fait toute la différence. » Signe que l'homogénéité du corps enseignant est un atout pour une école, l'une des principales recommandations de l'OCDE pour la France, publiée dans l'enquête Pisa de 2017 (Éditions Bartillat, 15 €), propose de renforcer la coopération entre les chefs d'établissement et leurs équipes pédagogiques.

Il existe 1 530 établissements alternatifs dans l'Hexagone et 100 autres naissent chaque année. Ainsi 17 000 élèves supplémentaires ont-ils rejoint, cette dernière décennie, les structures hors contrat. « *La recrudescence de ces écoles alternatives est un bon signe,* note Anne Coffinier, directrice générale de la Fondation pour l'école jusqu'en 2019. *Elle manifeste le dynamisme d'une société en quête de sens et de cohérence.* » D'un autre côté, l'augmentation du nombre d'inscriptions dans ces écoles laisse deviner le désarroi de certains parents devant la proposition de l'école publique ou la faible capacité d'accueil des établissements sous contrat. « *Il faut se représenter que 40 % des enfants se trouvent en échec scolaire à la fin du CM2,* s'étrangle-t-elle. *Ce taux scandaleux traduit un système trop monolithique, issu d'une vision militariste qui gère la masse sans tenir compte de la singularité de chaque enfant, les écoles hors contrat privilégient une approche plus humaine.* »

« La recrudescence de ces écoles alternatives est un bon signe. Elle manifeste le dynamisme d'une société en quête de sens et de cohérence »

ANNE COFFINIER

À en croire les experts, le choix de ces écoles ne porte du fruit que si les parents leur confient leur enfant pour plusieurs années. Le bât blesse lorsque les familles n'assument pas pleinement leur choix : elles souhaitent que leur enfant bénéficie d'une scolarisation alternative tout en préparant un retour à tout moment dans le système scolaire dominant. Cela compromet les chances de développer une approche éducative et pédagogique cohérente. « *Mais comme la peur de l'engagement est la maladie de notre époque, certains parents incitent les écoles indépendantes à faire aussi tout ce que fait l'Éducation nationale en plus de leur projet propre, ce qui conduit à des offres scolaires moins originales et très surchargées.* »

AUDACE PÉDAGOGIQUE

Effectifs réduits, partis pris académiques, part belle laissée au périscolaire, les établissements hors contrat rivalisent malgré tout d'audace pédagogique. Ainsi à Fanjeaux, près de Carcassonne, une école pension tenue par des sœurs dominicaines caracole en tête avec 100 % de réussite au bac, où les élèves lisent les œuvres complètes plutôt que des extraits. « *Afin de former leur esprit critique, les aider à apprendre à réfléchir et à exercer leur jugement, nous privilégions la lecture d'un auteur de façon approfondie* », explique la sœur en charge d'un niveau de lycée. Accompagnant 170 jeunes filles sur 11 niveaux, cette école confessionnelle assume son calendrier : « *Nos élèves ont au moins trois mois de grandes vacances, elles sortent en juin et reviennent fin septembre dans le but de privilégier la vie de famille, qui est la première éducatrice des enfants.* » Les programmes sont suivis sur des manuels plus ou moins à la mode dans les bureaux du ministère de l'Éducation nationale. Qu'importe. « *Nous enseignons l'histoire chronologique depuis le début,* explique Éric Mestrallet. *Car nous estimons que l'histoire thématique ne rend pas service aux enfants déjà en manque de repères. Le respect de la progressivité les aide à ranger les événements dans le bon ordre. Et nos cours commencent par la question "pourquoi fait-on de l'histoire ?". Plutôt que les "gaver" de connaissances, nous préférons les aider à bien s'approprier celles-ci.* » Si les établissements respectent le socle commun de connaissances, ils disposent d'une vaste liberté dans la méthode.

Depuis la loi Debré (1959) qui organise l'enseignement libre en France, les directeurs des écoles hors contrat peuvent recruter leurs professeurs et adapter autant que nécessaire les programmes de l'Éducation nationale (contrairement aux écoles privées sous contrat). Elles préparent leurs élèves aux examens courants français, anglais ou internationaux. En contrepartie, ces écoles restent soumises à des inspections de la Rue de Grenelle. Celles-ci sont régulières : la loi les préconise une fois par an, dans les faits, elles peuvent s'échelonner tous les trois ans. Et peuvent donner lieu à des scènes épiques, sur lesquelles d'ailleurs les directeurs d'école n'aiment pas s'étendre, de peur de se retrouver dans le collimateur des recteurs. La Fondation pour l'école est plus loquace : « *On m'a raconté comment, un matin, 12 inspecteurs ont débarqué sans prévenir dans une école hors contrat. Pendant que deux bloquaient le proviseur dans son bureau, les autres passaient dans les classes sans dire ni bonjour ni merci, fouillaient les affaires, interrogeaient les enfants à la sauvette, dès que les professeurs avaient le dos tourné. Dans certains cas, on devine que les consignes viennent directement du ministère.* » Najat Vallaud-Belkacem, ministre de l'Éducation de 2014 à 2017, a laissé un souvenir : « *Elle a commencé par lancer, suite aux attentats islamistes, des inspections dans les écoles musulmanes puis s'est ensuite acharnée sur les écoles catholiques…* »

« TROIS INSPECTIONS EN TROIS ANS »

« *Nous n'avons pas encore déterminé la date de notre rentrée. Peut-être début octobre,* avance, d'un ton incertain, le directeur de La Plume, école de la banlieue lyonnaise qui prévoit d'accueillir une cinquantaine d'élèves du CP au CM2, pour la plupart de confession musulmane. *Nous attendons encore les autorisations pour la mise aux normes de nos locaux.* » À la tête de cette petite école Montessori, il propose un enseignement qui inclut une dizaine d'heures d'arabe par semaine. « *Nous avons eu trois inspections en trois ans* », note-t-il. En attendant le verdict des autorités, les élèves restent à la maison. Par défaut, ils pourront toujours rejoindre une structure publique. Dès lors, les filles devront retirer le voile qu'elles pouvaient garder à La Plume. Sur les 1 530 structures hors contrat existantes, moins d'un tiers sont des établissements confessionnels : 18 % sont catholiques, 4 % protestants, 4 % hébraïques et 4 %

musulmans. Certains rares établissements, comme à Fanjeaux, sont attachés à une congrégation religieuse, en l'occurrence l'ordre des Dominicaines du Saint-Nom-de-Jésus, qui œuvrent dans 12 établissements scolaires en France. Le poste de dépenses principal, d'ordinaire occupé par la rémunération des professeurs, est là réduit à la portion congrue puisque ce sont les religieuses, bénévoles, qui dispensent les cours. « *Les parents paient entre 1 500 et 3 00 € par an pour une scolarité complète en pensionnat,* explique la sœur trésorière de la congrégation. *Nous ne cherchons pas à faire des bénéfices mais à garder nos comptes à l'équilibre.* »

Moins du tiers des 1 530 structures hors contrat existantes sont des établissements confessionnels. 18 % sont catholiques, 4 % protestants, 4 % hébraïques et 4 % musulmans

LIBERTÉ PÉDAGOGIQUE ET DU RECRUTEMENT DES PROFESSEURS

La directrice de Georges-Gusdorf, elle, a toutes les peines du monde à boucler ses fins de mois. Pourtant les parents de cette petite école du 14e arrondissement réservée aux enfants précoces s'acquittent de 8 000 € de frais de scolarité chaque année. Adhérant au projet pédagogique qui leur garantit des classes de moins de 20 élèves et un soin adapté à ce profil spécifique d'enfant, les parents misent sur des enseignements complémentaires l'après-midi : histoire de l'art, programmation informatique ou philosophie dès le CP. « *Et pourtant, nos professeurs sont moins bien payés que s'ils faisaient partie de l'Éducation nationale,* explique Nelly Dussausse, la directrice. *Nous refusons de couler nos élèves dans le moule d'une pédagogie de masse. Sans aucune aide de l'État, cela représente un coût certain.* » La liberté pédagogique et du recrutement des professeurs n'a pas de prix pour ces militants de l'école libre. « *Le véritable progrès consisterait à augmenter le nombre et la qualité des évaluations intermédiaires,* analyse Anne Coffinier. *Il serait judicieux de créer des standards minimalistes mais rigoureux, tout au long du parcours scolaire de l'enfant, sur les connaissances fondamentales. Je suis persuadée,* conclut-elle, *que l'excellence académique est le meilleur rempart contre l'obscurantisme.* » Notons que l'équipe du nouveau ministre regarde avec une vive curiosité le modèle pédagogique - à la fois académique,éducatif et surtout intégratif - d'Espérance banlieues qui, tout en restant aconfessionnel et républicain, offre un cadre à des enfants de quartiers défavorisés propice à l'acquisition des connaissances. L'Éducation nationale serait-elle enfin décidée à quitter sa posture idéologique ? ■

**Cet article, paru dans* Le Figaro Magazine *le 15 septembre 2017, a été actualisé avec les chiffres de 2021.*

La crise du Covid a montré les limites des pédagogies numériques, trop longtemps vantées comme l'avenir du système éducatif.

Heurs et malheurs du téléenseignement

*Par Michel Desmurget**

La numérisation du système scolaire constitue, selon les termes de M. Blanquer, ministre de l'Éducation nationale, *« un des leviers majeurs de la politique éducative que nous menons »*. L'approche n'est pas nouvelle. Il y a quelques années, Mme Vallaud-Belkacem *(son prédécesseur de 2014 à 2017, NDLR)* avait, elle aussi, fait l'éloge de ce « levier » dont le développement promettait d'assurer *« la réduction des inégalités scolaires, culturelles et sociales, la lutte contre le décrochage et la démotivation, l'adaptation de l'enseignement à la diversité et aux besoins de chaque élève »*.

Le confinement de l'année 2020 a confronté ce genre d'assertion à l'épreuve du réel. Durant cette période, les écrans ont été érigés en vecteur quasi exclusif du processus éducatif. Difficile d'envisager meilleure opportunité d'établir enfin, aux yeux de tous, la suréminence des pédagogies digitales.

Hélas, l'expérience s'est révélée à ce point désastreuse qu'il a fallu d'urgence rouvrir les écoles. Le premier ministre lui-même a alors loyalement expliqué que cette décision répondait à *« un impératif pédagogique et de justice sociale »*. Les étudiants tinrent plus longtemps. Il leur fallut presque un an pour dénoncer le téléenseignement comme un enseignement au rabais, brutalement démotivant. Les étudiants exigent désormais le retour du « présentiel » (et s'inquiètent en outre de leur précarité matérielle).

Ces observations, malheureusement, n'ont rien de surprenant. Elles recoupent les conclusions de dizaines d'études académiques et institutionnelles de grande ampleur, conduites depuis vingt ans aux quatre coins du monde : plus l'effort de numérisation augmente, plus la qualité de l'enseignement baisse, plus les résultats des élèves diminuent et plus le poids des inégalités sociales s'accroît.

Toutes les recherches disponibles démontrent que l'achat et la distribution de tablettes ou d'ordinateurs par la puissance publique sont au mieux sans impact et au pire le plus souvent délétère. Un rapport récent de la Cour des comptes dénonce du reste une incroyable gabegie budgétaire, menée à courte vue, sans impact probant ni réflexion pédagogique sérieuse. Entre 2013 et 2017, plus de 2 milliards d'euros ont été dilapidés en pure perte. Ce gaspillage s'opère au détriment d'autres dépenses fondamentales telles que la formation des enseignants, l'entretien des locaux ou le recrutement de personnels spécialisés (infirmières, psychologues, etc.).

Plus l'effort de numérisation augmente, plus la qualité de l'enseignement baisse, plus les résultats des élèves diminuent et plus le poids des inégalités sociales s'accroît

ÉVALUER LES BÉNÉFICES ATTENDUS ET DÉFINIR DES PRIORITÉS D'INVESTISSEMENT

À l'université aussi, les cours en ligne, loin d'être motivants pour les étudiants, se sont révélés un répulsif majeur. Partout, les taux d'échecs et d'abandons ont atteint des sommets. Confrontée à cette débâcle, une grande faculté californienne, par exemple, a choisi de suspendre son programme de cours en ligne après seulement six mois. Même l'entreprise qui délivrait ces cours a fini par se détourner du gâteau au motif que les substituts numériques à la présence humaine « *ne sont pas une bonne chose pour les 95 % des étudiants les moins performants* ».

On aurait pu espérer que ces données suscitent la réflexion. Il n'en fut rien. Les récents états généraux du numérique pour l'éducation ont éteint le débat en effaçant tous les sujets qui fâchent. Les régions ont continué à investir sans compter dans des projets inopérants, prescrits comme le soulignait il y a peu le président du conseil scientifique de l'Éducation nationale, « *sans but pédagogique. Souvent parce que les élus considèrent que c'est prestigieux.* »

Derniers exemples en date, le lycée 4.0 de la région Grand Est et un programme massif de distribution de tablettes en Île-de-France. Dans ce second cas, le fournisseur des machines a offert aux critiques une intéressante réponse : « *Les caractéristiques des ordinateurs sont adaptées à de l'usage scolaire et personnel. C'est sûr que les lycéens ne pourront pas faire de montage vidéo professionnel avec, mais ils peuvent quand même aller sur les réseaux sociaux, jouer à certains jeux.* » Fascinante honnêteté dont les termes s'avèrent conformes aux conclusions des programmes précédents du même genre. Les ordinateurs distribués servent principalement de support récréatif et aboutissent, in fine, à détourner l'élève de ses activités académiques.

Les ordinateurs distribués servent principalement de support récréatif et aboutissent, in fine, à détourner l'élève de ses activités académiques

Un exemple récent, pris dans la masse : en Catalogne, un coûteux programme de distribution de tablette aux enfants défavorisés s'est traduit par un affaissement significatif de la réussite scolaire, toutes matières confondues. La baisse fut évaluée autour de 5 % en moyenne. Une valeur qui, sans être vertigineuse, n'en reste pas moins substantielle, surtout à l'aune des budgets consentis. Il ne s'agit nullement ici de contester l'importance de l'informatique en tant que matière et de remettre en cause l'absolu nécessité d'offrir aux élèves une solide formation dans ce domaine. Il ne s'agit pas non plus de rejeter aveuglément le numérique. Il est clair que celui-ci peut apporter une plus-value éducative pertinente lorsqu'il répond à un projet pédagogique structuré et se trouve placé au service d'enseignants qualifiés solidement formés. Il s'agit juste de souligner que les politiques de numérisation du système scolaire sont, dans leur forme actuelle, à la fois coûteuses et contre-productives.

Avant de poursuivre dans cette voie, il serait bon d'évaluer les bénéfices attendus et de définir des priorités d'investissement. Par exemple, les études montrent dans leur globalité qu'il vaut mieux un ordinateur que rien du tout mais que l'ajout d'un ordinateur à un enseignant compétent n'offre, dans le meilleur des cas, qu'un bénéfice éducatif marginal. Dès lors on peut décider soit d'investir massivement sur l'humain au détriment de la dépense numérique ; soit de privilégier le digital au motif que l'on n'a pas les moyens de recruter et de former suffisamment de professionnels qualifiés. C'est cette dernière option qui semble aujourd'hui prévaloir. Il faudrait le dire clairement plutôt que de se cacher derrière une mythologie du numérique de moins en moins crédible. ■

**Docteur en neurosciences, directeur de recherche à l'Institut national de la santé et de la recherche médicale (Inserm), Michel Desmurget a publié un ouvrage remarqué, « La Fabrique du crétin digital » (Seuil, 2019).*

Tribune publiée dans FigaroVox *le 9 février 2021.*

Dans l'éducation comme dans la vie, la faculté d'attention doit être nourrie et développée, comme un muscle.

« Réhabilitons les activités de l'attention »

*Par Chantal Delsol**

Les activités de l'attention concernent le soin porté aux êtres, et au vivant en général, en vue de leur préservation et de leur réparation. Il peut s'agir du soin prodigué aux enfants, aux malades ou aux vieillards, et en général de l'entretien de la vie - ce peut être l'activité d'un jardinier. Les activités de la production concernent la fabrication ou la création, elles augmentent le monde et instaurent du nouveau.

Les deux activités sont nécessaires. L'importance et la valorisation des activités de la production varient selon les cultures, mais les activités de l'attention sont essentielles partout - une société peut refuser l'innovation ou la juger sans intérêt, mais si elle cessait de maintenir son monde, elle mourrait. Les Occidentaux accordent un prestige immense à la transformation, à l'édification, bref à l'action en général (*« Au commencement était l'action »*, dit Goethe). Ils ne se contentent jamais du monde tel qu'il est, et passent leur histoire à l'augmenter et à le perfectionner. Nous sommes des productivistes forcenés, des fils de Prométhée et de Faust. Classiquement et depuis toujours, chez nous les activités de l'attention sont peu qualifiées et peu gratifiantes. Dans notre histoire, elles sont réservées aux femmes et aux clercs. Tandis que les activités de la production (entreprises économiques et artistiques) sont cotées, gratifiantes et réservées aux hommes.

Les êtres voués à la tâche de l'attention étaient bien souvent, dans le « monde d'avant » qui n'est pas si vieux, dotés d'une âme de géant parce que capables d'une œuvre substantielle sans rémunération ni reconnaissance - la mère de famille silencieuse, ou bien la sœur infirmière de l'hôtel-Dieu, indispensables à la survie du monde mais toujours considérées comme ces hommes superflus de Tourgueniev. Aujourd'hui encore, ceux dont le travail consiste en attention aux êtres sont les plus mal payés, les plus disqualifiés de l'échelle sociale. La mère éducatrice, dont la première vertu était l'invisibilité, est rejointe par l'aide-soignante ou l'enseignant, aussi invisibles qu'elle.

Dans une situation tragique, comme celle présente *(causée par la crise du Covid-19, NDLR)*, toute l'actualité nous rappelle à quel point importent les activités de l'attention. Les soignants, et jusqu'au plus simple d'entre eux, deviennent les chevilles ouvrières héroïques de la sauvegarde commune. De même ceux qui entretiennent le simple quotidien, depuis la nourriture jusqu'aux ordures ménagères. Et ceux qui poursuivent dans des conditions modestes et familières l'instruction des enfants.

Non pas que les activités de production perdent leur authentique valeur : mais lorsque le monde commun est en danger, on se rend compte de l'importance insigne de sa sauvegarde. On se rend compte que peut-être on a dramatiquement sous-évalué sa sauvegarde, par rapport aux impératifs de la production et de la création. En situation tragique, l'essentiel saute aux yeux, et la crise sanitaire rappelle la crise environnementale instigatrice des mêmes exigences. Dans la catastrophe on s'aperçoit qu'il ne servirait à rien de produire et d'inventer si le socle fondamental de l'existence en

Nous sommes des productivistes forcenés, des fils de Prométhée et de Faust

vient à se défaire. Et, ce socle, ce sont aussi bien les vivants humains et la nature entière. La crise sanitaire, dans les interrogations qu'elle suscite, rejoint la crise environnementale. L'une et l'autre ne peuvent trouver de réponse qu'en brisant le monopole arrogant des activités de production. L'une et l'autre rappellent la priorité de cette époque : nous avons compris à présent la vanité de prétendre, comme disait Marx, transformer le monde - et si nous pouvons le cultiver, ce sera déjà bien assez.

L'attention semble bien peu active - c'est presque davantage une vertu qu'une activité. À quoi cela peut-il donc bien servir ? À dire vrai, c'est une activité presque spirituelle. Simone Weil en a fait l'attitude par excellence de la prière (dans *Attente de Dieu*). Il s'agit de se pencher vers les êtres, afin de se solidariser avec leurs épreuves et éventuellement de les adoucir, pour saisir leurs appels et y répondre. Il s'agit même, parfois, de ne pas répondre, parce qu'il n'y aurait rien à dire ni à proposer, mais de vivre silencieusement, ensemble, le destin qui passe. Toute activité d'éducation ou de soin aux personnes requiert l'attention en ce sens, ce que Jan Patocka appelait la solidarité des ébranlés, ce mouvement vers l'autre comme partage de la même condition.

IVRESSE DE LA MATIÈRE

La pensée contemporaine appelle cela le « Care » : élan inscrit dans la morale humanitaire (et non plus humaniste, parce que l'humain n'est plus au centre du monde) de ce temps, qui apparaît dans une sorte de redécouverte, alors qu'il a bel et bien toujours existé mais toujours dans le silence et la disqualification. Que serait devenu le monde humain sans l'attention prodiguée à chacun d'entre nous pendant notre enfance et aux jours de nos faiblesses ? Pourtant, le monde de la production vit et parle comme si le monde de l'attention n'existait pas, ou comme s'il était superfétatoire.

Il est probable que l'Occident s'est fourvoyé dans sa fascination monopolistique pour les activités de la production. La crise sanitaire nous le rappelle dans l'angoisse, mais elle n'est à cet égard qu'une toile de fond de la crise environnementale, elle-même beaucoup plus profonde et durable. La folie de la production et de l'action ne traduit pas seulement l'orgueil démesuré du « mâle blanc », comme voudrait le suggérer une vulgate postmoderne. Elle raconte le matérialisme de ce temps et le vertige de l'avoir. L'Occident, depuis deux mille ans, a coutume d'adhérer au spirituel à travers la transcendance (les cultures asiatiques ont un spiritualisme d'immanence, consacrée à ce monde-ci). Aussi la faillite de nos religions fondatrices, depuis un siècle, nous livre-t-elle pieds et poings liés à l'ivresse de la matière, de la consommation et de l'accumulation. Il nous faut courir le monde, édifier des empires économiques et instaurer la dépense en mode de vie, pour nous sentir vivants.

Pourtant, la production transformatrice, invention si occidentale, ne représente jamais que la partie émergée, fière à juste titre mais inutilement vaniteuse, du monde humain. Quant à la partie immergée et invisible, la plus vaste, la plus profonde et la seule substantielle, c'est elle qui contient clandestinement les activités de l'attention - sans lesquelles tout se tarit. Elles sont facilement reconnaissables : elles ignorent l'angoissante question du sens. De la tâche qui consiste à élever un enfant, on ne pourra jamais dire « à quoi bon ? ». Et pas non plus d'aucune de ces tâches qui consistent à veiller les êtres ou à veiller le monde. Elles portent leur sens en elles-mêmes. C'est là leur caractère spirituel. ■

**De l'Institut, professeur de philosophie politique. Dernier ouvrage publié : « Le Crépuscule de l'universel » (Éditions du Cerf, 2020, 376 p., 14,99 €).*

Article paru dans FigaroVox *le 2 juin 2020.*

LE CASSE DU SIÈCLE, Par Anne de Pomereu*

La plupart des élèves se plaignent de ne pas parvenir à se concentrer. Ils voudraient savoir travailler efficacement pour réussir leurs études, mais sont victimes d'un piratage organisé. Leur bonne volonté n'est pas de taille à lutter contre les armes de distraction massive utilisées par les acteurs du numérique pour dérober leur bien cognitif le plus précieux : leur attention. L'attention est la *« reine des facultés »* (1). Mais cette petite reine a un caractère difficile et une double personnalité. D'un côté, elle est gourmande, curieuse, ne pense qu'à s'amuser, est attirée par la nouveauté, ce qui brille, tout ce qui procure une émotion forte, un étonnement. De l'autre, elle est paresseuse, capricieuse, fuit l'effort, déteste se tromper, redoute l'ennui. Si on la laissait faire, elle régnerait en tyran dans nos esprits, se gaverait d'activités *« grasses, sucrées, salées »*. Simon Weil le remarquait déjà en 1942, bien avant l'ère digitale : il y a quelque chose dans notre âme qui répugne à la véritable attention beaucoup plus violemment que la chair ne répugne à la fatigue. D'un autre côté, si on parvient à l'apprivoiser, à l'éduquer, l'attention finit par aimer les activités moins plaisantes, qui demandent une constance dans l'effort. Il faut apprendre à résister à la frustration de ne pas réussir du premier coup, accepter de s'entraîner beaucoup, comme les sportifs de haut niveau ou les artistes. L'attention maîtrisée est fluide. Elle engendre la satisfaction du travail accompli, fruit bien plus savoureux que le plaisir immédiat. L'attention s'éduque, c'est une bonne nouvelle et un défi pour les parents, qui doivent aider leurs enfants à résister aux sirènes de la distraction et ne pas se laisser piller leur trésor attentionnel.

(1) D'après William James (1842-1910), le fondateur de la psychologie américaine.

**Conférencière et professeur de mémoire. Auteur de l'« Éloge de la passoire », chez JC Lattès, en 2018 et d'un essai sur l'attention à paraître en septembre 2021 chez le même éditeur.*

Concours, sport, inscriptions sur dossier...
Comment les aider quand ils s'engagent dans une course contre leurs pairs ?

Soutenir l'esprit de compétition des enfants, sans la rivalité

*Par Pascale Senk**

Qu'il bataille pour l'entrée dans une école, s'écroule parce qu'il est avant-dernier à son contrôle de maths, ou qu'il ait l'air de s'en ficher, l'enfant met ses parents au pied du mur : c'est le moment de l'accompagner dans une stratégie payante. Mais face à un tel défi, une certaine ambivalence peut naître. « *Je suis partagée*, confie cette maman d'ado. *D'un côté, je l'encourage, "révise, accroche-toi et tu seras dans les premiers !", et de l'autre, je hais ce système compétitif dans lequel il est coincé. J'ai envie de lui dire "lâche, fais ce que tu peux dans cette absurde machine, de toute façon, tu sauras te débrouiller autrement pour trouver le job qui te plaît".* »

Cette dernière option ne convainc nullement Catherine Marchi, psychothérapeute et coach d'enfants et adolescents. « *Diaboliser la compétition n'est pas souhaitable*, estime-t-elle, *et faire comme si elle n'existait pas non plus. Ce n'est pas au monde de se plier à notre désir de toute-puissance, c'est plutôt l'inverse qui paye. D'ailleurs, les enfants s'évaluent entre eux presque naturellement. Ils ont besoin de se mesurer aux autres pour se construire, d'oser se confronter, même s'ils ne sont pas sûrs de gagner.* » Et de rappeler que même dans les écoles alternatives Montessori, il est d'usage de se situer en telle ou telle matière en s'auto-évaluant et en évaluant le travail des autres.

Encore faut-il y initier l'enfant. « *Le rôle des parents dans la perception que celui-ci aura de la compétition est fondamental,* rappelle la coach. *Leur éthique ici change tout. Pas question de le laisser gagner à chaque fois dans les jeux de société… ni de jamais justifier les coups bas.* » Avec ce sens moral, les parents peuvent rappeler que l'objectif n'est pas forcément d'être le premier, qu'il y a toujours un meilleur que soi quelque part, et que ce qui compte, c'est la compétition avec soi-même et les fleurons qu'on peut en retirer : le goût de l'effort et la capacité à progresser.

Ce déplacement d'un esprit de compétition agressif vers une émulation qui enseigne la persévérance est notamment au cœur des travaux de Carole Dweck, professeur de psychologie sociale à l'université de Stanford. Celle-ci explore l'importance de l'état d'esprit dans le processus d'apprentissage. « *Ses recherches montrent que lorsqu'on répète à un enfant "Tu es génial ! Le meilleur !", la pression exercée sur lui l'inhibe dans sa capacité à prendre des risques,* explique Erwan Deveze, consultant en neurosciences et auteur de *24H dans le cerveau de votre enfant* (Éditions Larousse). *En revanche, lorsqu'il dépasse sa peur de l'échec et s'autorise des erreurs, sa courbe de progression est positive. Mieux vaut donc passer d'une conception de l'enfant "plus intelligent que les autres" à celle de l'enfant "méritant".* » Et du point de vue neuronal aussi, rappelle Erwan Deveze : « *Notre cerveau n'est pas formaté pour les courses rapides du type "j'engrange le plus de connaissances possible en bachotant avant les concours pour dépasser tous les autres". Il est plutôt marathonien, invitant à se préparer à une épreuve sur le long terme par un style de vie adéquat, avant de gérer l'effort final au mieux.* »

Les journées de bachotage ininterrompu, à oublier donc. « *C'est par séquences que le cerveau travaille de manière optimum,* rappelle Erwan Deveze. *Il lui faut des temps de mémorisation alternant avec des temps de consolidation, rendus possibles notamment grâce au sommeil et au repos.* » La pression, la menace qui insécurisent l'enfant auraient insidieusement l'effet inverse : « *Hyper stressé, l'enfant perd ses ressources cognitives, et n'éprouve plus de plaisir à apprendre.* »

Comme souvent, le maître mot de la préparation adéquate relève d'un certain mystère : le désir. « *Il se nourrit de la tactique du pas à pas,* estime Catherine Marchi. *Avec des objectifs atteignables, qu'on célèbre à chaque fois, on lui donne des socles et on garde vivante la motivation.* »

Filles et garçons sont-ils identiques quant à l'esprit de compétition ? Catherine Marchi regrette en cette matière le poids des stéréotypes : « *La société considère comme normal l'esprit de compétition chez les garçons, quand les filles n'y sont pas éduquées à cause de la primauté du relationnel pour elles… Mais les garçons aussi sont en demande de lien ! Être dans un "bon" esprit de compétition, c'est à la fois garder le désir d'être meilleur mais aussi être capable d'aider ceux qui n'y arrivent pas.* » Autant de pistes de discussion entre parents et enfants qui pourront nourrir la coopération entre eux. Et c'est déjà beaucoup. ■

**Article paru dans* Le Figaro santé *le 24 juin 2019.*

En quête d'harmonie familiale, les parents auraient de plus en plus de mal à supporter les conflits avec leur enfant, selon la psychanalyste*.

Claude Halmos « Les parents veulent échapper au conflit avec l'enfant »

Propos recueillis par Agnès Leclair

LE FIGARO. - Les parents disent accorder plus d'importance au bien-être qu'à la réussite scolaire. L'éducation positive, qui prône la bienveillance, est un phénomène d'édition. Les priorités éducatives ont-elles changé ?

Claude HALMOS. - Auparavant, les parents qui faisaient faire des bonnes études à leurs enfants avaient la certitude qu'ils s'en sortiraient sur le plan social et professionnel. Ce n'est plus le cas aujourd'hui. Il y a donc un repli sur les valeurs d'épanouissement personnel. L'éducation positive se vend d'autant mieux que, dans un monde dont tous les parents redoutent pour leurs enfants et pour eux-mêmes la violence, elle présente la famille comme un possible havre de paix. Ces livres proposent aux parents une méthode supposée leur permettre d'échapper à ce qui rend leur tâche éducative si difficile : le conflit avec l'enfant. Et de devenir ce dont ils rêvent : les « bons parents » d'enfants heureux et épanouis. Ils se précipitent donc sur cette méthode, de la même façon qu'ils se sont précipités, il y a quelques années, sur les livres d'auteurs qui prônaient, eux, le retour à un autoritarisme d'un autre temps. Cela prouve que leur désarroi est immense…

Une « démocratie familiale » vous semble-t-elle possible ?

La démocratie suppose l'égalité des citoyens. Dans la famille, l'enfant est « à éga-

LA PSYCHANALYSTE ET ESSAYISTE CLAUDE HALMOS ANALYSE, À LONGUEUR D'OUVRAGES ET D'ÉMISSIONS, LES COMPOSANTES QUI PERMETTENT À TOUT ENFANT DE SE CONSTRUIRE.

lité d'être » avec l'adulte car il est une personne à part entière dont la parole compte et doit être respectée. Mais il est… un enfant. C'est-à-dire un être qui a besoin, pour devenir capable de vivre heureux au milieu des autres, que ses parents lui enseignent et lui apprennent à respecter les règles qui ont cours dans la société. Il n'y a donc pas, à ce niveau, égalité, mais une différence de places que les parents doivent assumer. En consultation, j'en reçois beaucoup qui se sentent coupables car ils se demandent de quel droit ils peuvent poser des interdits à leur enfant. Or l'éducation ne peut pas se faire sans autorité car l'enfant petit est toujours, dans un premier temps, à mille lieues de pouvoir accepter des règles qu'il vit comme un obstacle à son bon plaisir. Mais cette autorité n'a rien à voir avec la violence. L'éducation positive entretient une confusion très pernicieuse entre l'autorité et l'autoritarisme, qui, synonyme d'arbitraire et d'abus de pouvoir, est toujours une souffrance destructrice pour l'enfant.

Les méthodes éducatives qui se proposent d'apprendre aux parents à rester zen peuvent-elles être culpabilisantes ?

Faire croire aux parents qu'ils pourraient éduquer sans conflits et devraient surtout réussir à faire abstraction d'eux-mêmes, à tout supporter, à n'avoir jamais un mot plus haut que l'autre et à rester zen en toutes circonstances est une absurdité. Une absurdité culpabilisante pour eux et dangereuse pour leurs enfants. Comment un enfant, habitué à ce que ses parents supportent tout, pourrait-il comprendre qu'il ne peut, dans la vie, faire subir n'importe quoi à n'importe qui ? Le travail des parents n'est pas de faire vivre à leurs enfants une enfance qu'ils pensent de rêve. Il est de les aider à acquérir ce qui leur permettra, devenus grands, de vivre heureux. ■

** Psychanalyste, auteur de « Dessine-moi un enfant, l'enfant, sa construction, ses parents » (Le Livre de poche, 2016).*

Entretien paru dans Le Figaro *le 5 mars 2016.*

En juillet 2019, le Parlement français a adopté la loi interdisant tous les « violences éducatives ordinaires », dont la fessée. Entretien avec la psychologue*.

Anne Bacus
Interdiction de la fessée : maintenant, on fait quoi ?

Propos recueillis par Ophélie Ostermann

LE FIGARO. - Comment expliquer que l'interdiction de la fessée anime et divise autant ?

Anne BACUS. - Selon moi, ce n'est pas la fessée qui divise, cela fait bien longtemps que tout le monde est d'accord pour dire que ce n'est pas une bonne façon d'éduquer les enfants. Je pense que les gens se disent surtout « Alors maintenant, on fait quoi ? On nous l'interdit alors qu'il y a des enfants infernaux qui nous mettent parfois hors de nous. » En réalité, en interdisant la fessée, les parents ont l'impression qu'on les traite de maltraitants, alors qu'il y a tout de même une différence entre des châtiments corporels qui laissent des traces durant toute la vie de l'enfant et une petite tape sur la main ou une fessée sur la couche. C'est plutôt une façon de culpabiliser les parents, alors qu'ils le sont déjà bien assez comme ça. L'éducation positive et bienveillante, par exemple, est à plusieurs niveaux très intéressante, mais elle sous-entend tout de même que celles et ceux qui ne la pratiquent pas sont malveillants. Ce qui est rarissime ! La plupart veulent bien faire, mais sont complètement perdus.

Certains se disent effectivement désemparés…

Ils ne savent plus comment s'y prendre. La loi doit être accompagnée de pédagogie. Je ne défends pas la fessée, mais je considère simplement que le plus important est d'accompagner les parents et de les aider à gérer des difficultés. Rappelons que si certains défendent le geste, la plupart de ceux qui y ont recours n'en sont pas fiers, ils en sont malheureux et préféreraient trouver des alternatives. Sans oublier que certains enfants sont extrêmement difficiles, l'adulte peut céder à ses propres émotions et mettre une fessée.

Quelles alternatives concrètes proposeriez-vous ?

L'essentiel n'est pas de travailler sur l'enfant mais sur l'adulte, s'atteler à revoir ses pulsions, pour réussir à garder son calme. Rappelons que l'éducation se fait d'abord par l'imitation, et nous sommes un excellent modèle pour l'enfant. Il est donc primordial d'exercer une autorité ferme, tout en conservant sa mesure. Ensuite, il faut bien comprendre que si les conséquences de l'acte commis par l'enfant sont positives, comme un surcroît d'attention par exemple, il recommencera. Si elles sont neutres ou désagréables, il aura tendance à arrêter. C'est pour ça qu'un parent met une fessée : pour décharger sa colère et pour que l'enfant cesse son comportement, mais ce n'est pas une bonne façon d'éduquer. Lorsque l'enfant contrevient à la règle, on la lui fait énoncer, puis on le prévient de ce qui arrivera s'il ne cesse pas. Prenons l'exemple d'un petit qui met de l'eau partout en dehors de la baignoire. On lui rappelle qu'il ne doit pas le faire, mais il continue. À ce moment-là, on l'informe que s'il recommence, on enlève la bonde. Il continue ? On vide l'eau, calmement, et même s'il crie ou pleure, on ne dit rien, c'est clair pour lui. Le plus important est de trouver une conséquence logique, en lien avec l'acte. L'enfant comprend que les actes ont des conséquences et que les mots des parents ont du sens. Les enfants qui prennent des fessées sont généralement jeunes, et, à leur âge, ils s'éduquent beaucoup plus par l'exemple, la fermeté affectueuse, paisible et la simplicité des règles, que par de longues explications.

Que faire dans le cas d'une colère d'un enfant, ou lorsque l'enfant met ses parents hors d'eux ?

Il faut tenter de comprendre pourquoi l'enfant est difficile. Très souvent, il y a une raison. La colère est une réaction à une inquiétude intérieure, quelque chose ne se passe pas bien en lui, il n'est pas paisible. S'il est entendu, il n'aura plus besoin de le dire aussi fort, de le hurler. Globalement, je conseille d'instaurer quelques règles très simples sur lesquelles on ne lâche pas et que l'on applique tranquillement. Par exemple : il est 20 heures, tu vas au lit. Tu pleures et j'entends bien ton refus. Dans ce cas, prend un livre mais va te coucher, il est 20 heures. Et si possible, on fait énoncer la règle à l'enfant : « il est 20 heures, qu'est-ce qu'on fait ? ».

Que pensez-vous de la crainte de certains, selon laquelle nous créons une génération d'enfants rois ?

Nous les avons déjà ! L'interdiction de la fessée n'aggravera pas les choses, sauf si les parents la comprennent mal et se disent qu'ils doivent tout lâcher avec leurs enfants. Or, il ne s'agit surtout pas de devenir des parents laxistes, de lâcher son autorité. Le rôle des parents est bien là, d'éduquer, de « faire grandir » avec des structures, des règles. Leur autorité doit simplement s'exprimer différemment, d'une façon plus efficace. Et si la fessée stoppe le comportement de l'enfant sur le moment, il recommencera, et cela instaurera un rapport de force qui n'est pas bon. ■

**Psychologue, spécialiste des questions familiales, auteur de « 100 façons de se faire obéir (sans cris ni fessées) », Éditions Marabout, 2012, 15,90 €.*

Entretien paru dans Madame Figaro *le 4 juillet 2019.*

Un demi-siècle après la loi bannissant le châtiment corporel, des effets pervers surgissent : élèves intenables, parents dénoncés à tort...

Suède : quelle autorité reste-t-il aux parents ?

*Par Stéphane Kovacs**

C'est le pays des congés parentaux flexibles, des prestations familiales généreuses, des crèches aux méthodes innovantes. Régulièrement désigné comme modèle en matière de politique familiale. « *La Suède est vraiment un bon endroit pour grandir,* assure Ola Mattsson, de l'organisation Save the Children Sweden. *Les droits des enfants ont toujours été primordiaux.* »

En 1979, « le pays où les enfants comptent » est le premier à interdire la fessée. Près de quarante ans plus tard, quel bilan tire-t-il de sa loi ? « *Vous ne trouverez personne en Suède pour oser la contester,* répond le psychiatre David Eberhard. *Cela ne se fait pas chez nous.* » Les associations de protection de l'enfance sont dithyrambiques. Mais certains, comme l'avocate Ruby Harrold-Claesson, n'hésitent pas à dénoncer « *une loi tout à fait inutile et même dangereuse* ».

DES STATISTIQUES QUI S'EMBALLENT

Selon une étude de 2001 sur « Les châtiments corporels sur les enfants en Suède », réalisée par la Fondation suédoise pour le bien-être des enfants, 92 % des parents déclarent que « *c'est mal de donner la fessée* » à un enfant. Dans les années 1960, plus de 90 % des parents admettaient frapper leurs enfants. En 2011, ils sont à peine plus de 10 %. Dans le même temps, les statistiques sur les enfants violentés s'emballent : entre 2001 et 2010, les signalements à la police pour maltraitance ont augmenté de 62 % pour les enfants de 7 à 14 ans, et de 176 % pour les moins de 7 ans. « *Une plus grande tendance à signaler les abus* », justifie la fondation. Tandis que le gouvernement suédois estime que « *l'augmentation du nombre des signalements montre une diminution de la tolérance à l'égard des agressions contre les enfants* ». Quant au médiateur pour les enfants, il précise que les enquêtes révèlent aussi « *un important déclin des formes les plus graves de châtiments corporels, comme les coups de poing et l'utilisation d'objets* ». « *La tolérance zéro contre les châtiments corporels est efficace non seulement en ce qui concerne les "versions light" comme la fessée, mais aussi en ce qui concerne les formes les plus sérieuses de violence familiale* », se félicite-t-il.

Ce n'est pas l'avis du psychiatre David Eberhard, auteur du livre *Les enfants suédois ont pris le pouvoir* : « *Ceux qui respectent la loi sont des parents qui n'en avaient pas besoin,* affirme-t-il. *Pour faire baisser les sévices sur les enfants, il faut faire une loi sur les sévices sur les enfants. Vous avez déjà cela en France !* » Lui ne se dit « *pas contre la loi* », mais contre ses dérives : « *C'est devenu peu à peu l'interdiction de corriger les enfants de quelque manière que ce soit,* explique le psychiatre. *Avec ce modèle d'une éducation centrée sur les enfants, de "choyés", les petits Suédois sont devenus "rois".* » « *Il y a pourtant une différence entre une petite tape pour que l'enfant comprenne qu'il ne faut pas toucher au four et un abus réel !* lance-t-il. *Or, en Suède, tout est mis sur le même plan. Je ne dis pas qu'il ne faut pas écouter son enfant, mais la famille, ce n'est pas la démocratie ! C'est une relation asymétrique.* »
Dans la nouvelle génération d'adultes, note le psychiatre, « *il y a pas mal de gens autocentrés, qui n'ont pas appris qu'ils avaient aussi des obligations dans la société. Par exemple, on voit que les plus jeunes se mettent bien plus en congé maladie que les plus âgés* ». Les troubles de l'anxiété et les tendances à des comportements autodestructeurs, ajoute-t-il, ont également augmenté en Suède.

« LES ENFANTS NE PEUVENT JAMAIS SAVOIR OÙ SONT LES LIMITES »

Pour Ruby Harrold-Claesson, avocate et présidente du Comité nordique pour les droits de l'homme, un groupe de pression qui milite « *pour la protection des droits de la famille* », la loi a de nombreux effets pervers. « *Elle a causé beaucoup de dommages à la relation entre parents et enfants,* explique-t-elle. *Les tribunaux appliquent la loi sans prendre en compte les circonstances entourant la fessée. De nombreux parents ont désormais peur de leurs enfants ! Ils n'osent plus les corriger, craignant d'être signalés à la police, jugés et condamnés à une amende et même de la prison. Résultat : les enfants ne peuvent jamais savoir où sont les limites.* »

Près de quarante ans après l'entrée en vigueur de la loi, « *comment ces enfants, devenus parents, vont-ils être en mesure de fixer des limites ?* interroge-t-elle. *Les conséquences de cette loi se retrouvent aujourd'hui dans la société, où nous avons davantage de parents incapables d'élever leurs enfants, d'enseignants chahutés par les élèves, de plus en plus de gangs de jeunes violents et de plus en plus d'alcool et de tabac chez les adolescents* ».

« *Le problème,* explique l'avocate, *c'est que tout est qualifié de "maltraitance" ! Parfois des enfants racontent n'importe quoi pour se rendre intéressants ou se venger de leurs parents.* » Elle rapporte par exemple l'histoire de cet homme interpellé parce qu'il avait giflé sa belle-fille, qui lui avait craché au visage parce qu'il venait de lui refuser l'achat d'un DVD. Ou de cette fillette de 6 ans, qui a appelé la police, en colère contre sa mère qui ne voulait pas lui offrir un sac. « *Dès qu'une plainte est déposée contre les parents, les services sociaux placent l'enfant dans un foyer* », constate encore l'avocate.

La Suède a montré la voie. Depuis 1979, 32 des 47 États membres du Conseil de l'Europe ont interdit la fessée. La France, condamnée par le Conseil de l'Europe en mars 2015 au motif qu'elle « *ne prévoit pas d'interdiction suffisamment claire, contraignante et précise des châtiments corporels* », les a rejoints en 2019. Le jour de leur mariage civil, les futurs parents se voient désormais signifier que « *l'autorité parentale s'exerce sans violences physiques ou psychologiques* ». Dans le monde, 56 pays ont voté l'abolition totale des châtiments corporels. ■

**Article actualisé depuis sa parution dans* Le Figaro *du 9 août 2016.*

Chaque pays applique sa propre méthode éducative, souvent déterminée par son histoire... ou par son ambition.

Éducation : sur qui faut-il copier ?

*Par Gaëlle Rolin et Wally Bordas**

Les Portugais font progresser les mauvais élèves, les Finlandais n'ont pas beaucoup d'heures de cours. Quels sont les modèles éducatifs qui marchent le mieux et ceux qui fonctionnent moins bien ? Tour d'horizon.

LE PREMIER DE LA CLASSE : LA FINLANDE

Selon l'enquête Pisa 2018, qui évalue auprès de jeunes de 15 ans des trente-sept pays membres de l'OCDE l'acquisition de savoirs et de savoir-faire essentiels à la vie quotidienne,les élèves finlandais sont classés deuxièmes en lecture et troisième en sciences. Pourtant, leur journée scolaire se termine au plus tard à 15 heures, les cours durent quarante-cinq minutes et ils ont deux mois et demi de vacances d'été. Plus que le rythme, c'est donc la pédagogie qui a fait ses preuves. Pas de professeur qui vous glace d'un « Dupont, au tableau ! » : les Finlandais entretiennent la culture du prof copain. Oublié aussi, le couperet du bulletin trimestriel. Jusqu'à l'âge de 12 ans, seules deux appréciations globales sont envoyées chaque année aux parents. Ce que les enseignants cherchent à mesurer, ce sont avant tout les progrès. Enfin, les élèves ont à leur disposition dans les salles de classe des ordinateurs, des télévisions, des lecteurs DVD. Une façon d'étudier qui leur permet de diminuer leur charge de travail à la maison : les adolescents finlandais sont ceux des pays de l'OCDE dont le cahier de textes est le moins fourni.

L'ÉLÈVE QUI REMONTE LA PENTE : L'ALLEMAGNE

Très longtemps, notre voisin a été un exemple à suivre en Europe. Mais son mode de fonctionnement, qui cantonnait les heures de cours à la matinée pour que les élèves puissent s'adonner l'après-midi à une pratique sportive ou artistique, a changé au cours des dernières années. L'école toute la journée s'est imposée au fil du temps un peu partout outre-Rhin, et ce dès le primaire. Les raisons de ce changement sont variées. Pour beaucoup, le modèle était incompatible avec la possibilité pour les femmes d'avoir un travail à plein temps.

Le classement Pisa 2000, qui plaçait l'Allemagne très loin de ses prétentions, a été un véritable choc outre-Rhin. Il a provoqué une grande remise en question et a permis au pays de rattraper une partie de son retard. Pour cela, des réformes ont été engagées : la journée scolaire a été rallongée, les examens ont été harmonisés à l'échelle nationale et les inspections ont été multipliées. Résultat : l'Allemagne va mieux et remonte petit à petit dans le classement Pisa. Mais le pays reste encore loin d'occuper les meilleures positions. En 2018, l'Allemagne occupait seulement le 15e rang parmi les membres de l'OCDE, trois places devant la France.

MOYEN MAIS TRAVAILLEUR : LE PORTUGAL

En 2012, le Portugal pointait encore à la 31e place. En 2018, il occupe désormais la 23e position, juste derrière la France. Cette évolution spectaculaire, il la doit à des objectifs clairs en matière d'éducation. Malgré la crise qu'il traverse, qui a notamment provoqué une baisse du budget dédié à l'éducation, le Portugal progresse grâce à une stratégie de long terme : depuis plus d'une vingtaine d'années, le pays met l'accent sur l'apprentissage du portugais et des mathématiques. Les enseignants, qui sont parmi les fonctionnaires les mieux payés de l'Union européenne, sont tous unis autour d'objectifs communs : ne laisser aucun élève de côté et permettre à chacun de progresser. Ainsi, dès l'âge de six ans, les jeunes ayant plus de difficultés sont pris en charge par leurs enseignants dans des cours de rattrapages : on les aide à progresser et à rattraper leur retard. C'est sans doute pour cela que le Portugal fait partie des pays où l'écart entre les élèves favorisés et les autres est le plus faible.

Le Portugal progresse grâce à une stratégie de long terme : depuis plus d'une vingtaine d'années, le pays met l'accent sur l'apprentissage du portugais et des mathématiques

LE CRACK DOPÉ AUX COURS PARTICULIERS : LA CORÉE DU SUD

Dans l'enquête Pisa 2018, le pays du Matin-Calme est également très bien classé (juste derrière la Finlande et l'Irlande). Dans ce pays, les enseignants sont très bien payés… Cependant, la Corée du Sud ne doit pas forcément ce succès à son enseignement public, mais plutôt aux hagwons, des instituts privés. Un système qui impose un rythme effréné aux petits Coréens, qui n'ont plus le temps de lire, de jouer ni de se reposer. Après leur matinée à l'école, ils filent au hagwon, jusqu'à parfois 22 ou 23 heures, sans compter les devoirs à boucler avant de se permettre d'aller au lit… Loin d'être réservé à une élite, ce système concerne la quasi-totalité des écoliers, quel que soit leur niveau social. Le gouvernement a tenté de les réglementer, en vain. Des hagwons clandestins prennent le relais. Parce qu'à la clé de cette abnégation et de ces sacrifices financiers de la part des parents, il y a l'entrée à l'université, le diplôme et une place dans une entreprise. Et comme la concurrence est rude, il faut commencer le plus tôt possible pour mettre toutes les chances de son côté. Un rythme qui impose aux enfants une pression sociale, et qui, selon les spécialistes, se ressent sur leur corps et leur équilibre psychologique.

LE CANCRE : LES ÉTATS-UNIS

Parmi les vingt-quatre pays les plus industrialisés, les États-Unis sont en queue de peloton dans le palmarès des succès scolaires. Dans le classement Pisa 2018, les jeunes Américains sont au-delà de la 30e place en mathématiques, juste avant la Biélorussie… Pour pallier ces retards, accumulés depuis des dizaines d'années, les États-Unis ont tenté de mettre en place des programmes de tests. Des fonds ont même été distribués aux établissements qui parviennent à réduire les inégalités. Mais ces initiatives n'ont pas plu à certains universitaires, enseignants et parents qui ont publié une tribune contre « la marchandisation de l'école » dans laquelle ils expliquent que le classement Pisa ne doit pas influencer la politique éducative des pays. ■

**Article actualisé après sa parution initiale dans* Madame Figaro *du 27 août 2010.*

LA FRANCE STABLE

La dernière enquête Pisa (Pisa 2018) a été publiée en décembre 2019. Menée dans 79 pays auprès de 600 000 élèves, elle a montré comment, après un fort décrochage entre 2000 et 2006, la France avait stabilisé ses résultats : en compréhension de l'écrit, les élèves français sont au niveau de l'Allemagne et de la Belgique, entre le 20 et le 26e rang des pays de l'OCDE. En mathématiques, le score moyen est de 495, légèrement au-dessus de la moyenne de l'OCDE (489 points en 2018 contre 490 en 2015). 11 % des élèves sont très performants contre 37 % à Singapour. Le poids des déterminismes socio-économiques est encore très fort mais ne s'accroît plus dans l'Hexagone.

Grandement critiquée, la méthode d'éducation «à la chinoise» revient sur le devant de la scène.

La mère tigre ressort les griffes

*Par Juliana Bruno**

À l'approche des épreuves du baccalauréat et à l'heure d'aider ces chères têtes blondes dans le choix de leur orientation, la diversité des méthodes éducatives fait à nouveau débat. Faut-il laisser son enfant se débrouiller ou être constamment sur son dos ? Alors que le système des mères asiatiques, ces « tiger mums » prêtes à tout pour que leur enfant réussisse, avait été vivement décrié, l'Université de Stanford met aujourd'hui en avant les avantages d'une telle méthode en interrogeant les notions de pression, de soutien et de motivation.

Souvenez-vous en 2011, Amy Chua, professeur à l'Université de Yale, publiait un article dans le *Wall Street Journal* intitulé « Why Chinese Mothers are Superior? » (« Pourquoi les mères chinoises sont supérieures »). Son essai avait eu l'effet d'une bombe. En filigrane, la critique d'une éducation occidentale jugée bien trop laxiste et l'apologie de méthodes strictes, qualifiées de « tiger parenting ». De là naissait le concept de la « tiger mum » ultra-protectrice, impliquée à 100 % dans tous les aspects de la vie de sa progéniture, et prête à lui mettre la pression en cas de besoin. Cette éducation « à la chinoise », Amy Chua l'a adoptée et l'applique au quotidien sur ses deux filles. Du choix des loisirs (élitistes) aux résultats scolaires, en passant par les fréquentations, rien n'est laissé au hasard. Un brin « control freak », la mère de famille asiatique.

Les critiques avaient alors fusé, le *New York Times* et le *Washington Post* dénonçant l'autoritarisme de telles méthodes et un besoin permanent de faire de ses enfants des « winners » dans tous les domaines. Cette riposte donnant finalement lieu à un dialogue assez infructueux puisque chacune des parties campait sur ses positions, sans évoquer la possibilité d'un compromis entre les deux options.

DES FIGURES MATERNELLES DIFFÉRENTES

C'était sans compter sur l'Université de Stanford, qui a remis la problématique au goût du jour en publiant une nouvelle étude sur le sujet. Alyson Fu et Hazel Markus avancent en effet que les deux approches peuvent être satisfaisantes. La différence se jouerait en réalité autour de la notion de motivation. Un panel de lycéens californiens, parmi lesquels des jeunes d'origine asiatique et d'autres, occidentaux, a été interrogé sur l'existence ou l'absence de pression parentale au sein de leur foyer. Également questionnés sur le rapport qu'ils établissent entre cette pression et l'impression de soutien qui en découle, il en ressort qu'ils envisagent, d'une part, le concept de motivation de manière très différente et, d'autre part, qu'ils n'ont pas la même perception de la figure maternelle.

LA STIMULATION, SOURCE DE MOTIVATION

« *Tandis que les parents européens et américains vont avoir tendance à laisser leurs enfants voler de leurs propres ailes, les Asiatiques sont constamment sur le dos de leurs enfants* », avance Alyson Fu. En effet, dans la culture asiatique, il revient aux parents de motiver leurs enfants tandis que la mentalité occidentale érige l'individu en moteur de sa propre stimulation. Et, au moment de décrire leurs mères, les premiers dépeignent des femmes fortement impliquées dans les devoirs et totalement tournées vers leur réussite tandis que les seconds les considèrent comme des individus « *à part entière* », évoquant volontiers leurs hobbies et faisant référence à leur apparence. Mais là où l'étude prend une autre tournure, c'est lorsque les jeunes élevés à la « dure » admettent que la pression imposée par leurs mères est bien plus souvent source de motivation que d'angoisse.

PRESSION SALVATRICE, INDÉPENDANCE NÉFASTE

Loin de se cantonner à l'image de la mère autoritaire qui donne des ordres à longueur de journée, la « tiger mum » vient s'impliquer (et non pas forcément s'immiscer) dans tout ce qu'entreprend son enfant. En cas de coup dur, elle est donc aussi là pour rassurer et stimuler, soutient Alyson Fu. « *Il y aura peut-être plus de soutien après un échec* », renchérit cette dernière. Sans pour autant diaboliser des parents plus laxistes, les deux chercheuses invitent à penser l'indépendance des petits Occidentaux peut-être acquise trop rapidement et qui les laisse parfois seuls face à une situation déconcertante ou une épreuve qu'ils ne devraient pas avoir à affronter en solo.

De là à imaginer une méthode éducative parfaite, la route est encore longue. En nous disant qu'il y a finalement du bon à prendre des deux côtés, l'étude de l'Université de Stanford en oublie tout de même d'appréhender des modèles inversés - une mère chinoise cool versus une mère occidentale intransigeante par exemple – un tantinet stéréotypé, donc. Autre grand absent de cette étude : la figure du père. ■

**Article paru dans* Madame Figaro *le 11 juin 2014.*

LA PARENTALITÉ DANS TOUS SES ÉTATS

« L'enfance nous a donné une fois pour toutes notre teneur de poésie », écrit Jean Giono en 1947. Depuis qu'elles existent, les photos sont les fidèles et merveilleuses compagnes du souvenir : leur observation est l'occasion de replonger dans la poésie du passé, qu'il soit réel ou fantasmé. Voici, de l'Antiquité à nos jours, de l'Afrique à l'Asie, en passant par notre vieille et vaillante Europe, une surprenante déambulation photographique.

« UN SPARTIATE MONTRE
À SES FILS UN ILOTE IVRE »,
DE FERDINAND SABATTÉ (1874-1940)

LE « SAINT JOSEPH CHARPENTIER » DE GEORGES DE LA TOUR (1593-1652) REPRÉSENTE UNE SCÈNE D'UNE TENDRESSE INOUÏE, ALLÉGORIE DE L'AMOUR FILIAL CONSTRUIT AU-DELÀ DES LIENS DU SANG.

LES LIENS FRATERNELS SONT UNE ÉCOLE DE LA VIE IRREMPLAÇABLE, POUR LE MEILLEUR ET, PARFOIS, POUR LE PIRE...
ICI, UNE PETITE FILLE DE NAMIBIE, AU SUD-OUEST DE L'AFRIQUE, DONNE DU LAIT À SON PETIT FRÈRE.

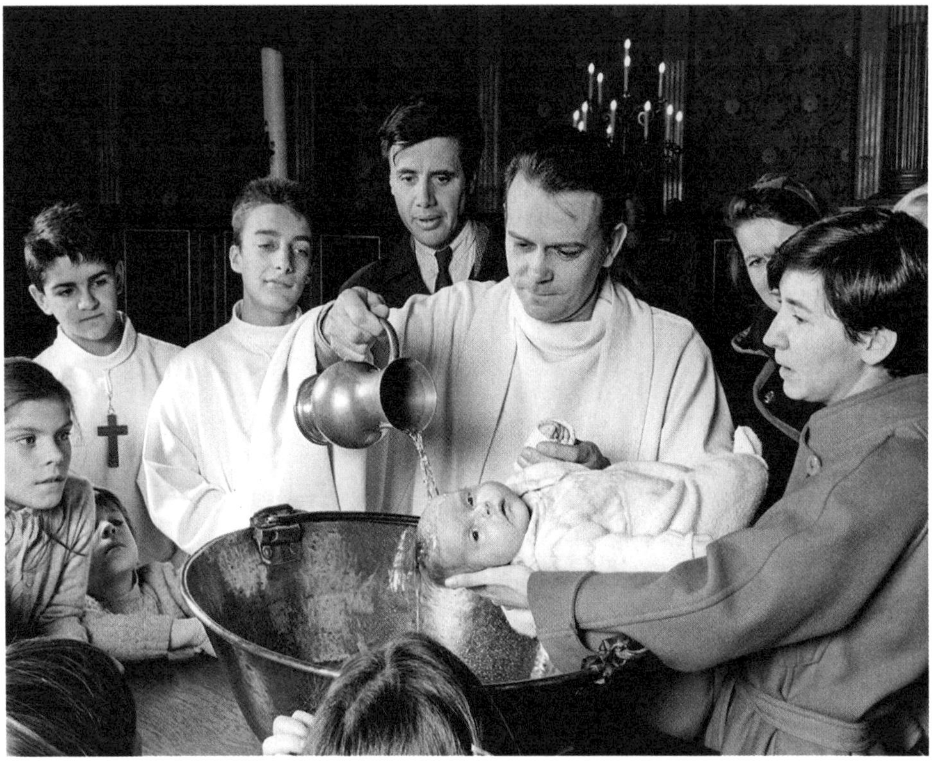

BAPTÊME D'UN BÉBÉ, EN 1986. AUPARAVANT EFFECTUÉ À L'ÂGE ADULTE, CE SACREMENT CHRÉTIEN SE DONNE, DEPUIS LE XIIIe SIÈCLE, AUX NOUVEAU-NÉS.

M. ET Mme SAYERS, PHOTOGRAPHIÉS AVEC LEURS HUIT ENFANTS ADOPTÉS, DEVANT LEUR MAISON À POLEGATE (SUSSEX), AU ROYAUME-UNI, LE 13 MAI 1955.

PARTAGER DES MOMENTS DE QUALITÉ EST INFINIMENT ÉDUCATIF. LE PÈRE ET LE FILS DE LA PHOTOGRAPHE FRANÇAISE JANINE NIÉPCE (1921-2007) RÉUNIS PAR UNE LECTURE RIEUSE ET COMPLICE D'UN ALBUM DE TINTIN. ICI À RULLY (SAÔNE-ET-LOIRE), EN 1952.

«JE NE PUIS PAS BRILLER AUX REPAS, CAR PENDANT LA PREMIÈRE PARTIE J'AI FAIM ET PENDANT LA SECONDE J'AI SOMMEIL», AVOUAIT L'ÉCRIVAIN PAUL MORAND DANS «LE RÉVEILLE-MATIN» (1937). EN FAMILLE, RIEN NE SERT DE BRILLER, CHACUN SE CONNAÎT DANS SA VÉRITÉ. ICI, UN DÉJEUNER DANS LE JARDIN, EN FRANCE, EN 1915.

LES REPAS DE FÊTE SONT SOUVENT L'OCCASION DE RÉUNIR DIFFÉRENTES GÉNÉRATIONS. ICI, UN DÎNER PARTAGÉ DANS LA CHINE DE 1955, AVEC TROIS GÉNÉRATIONS. PHOTOGRAPHIE SIGNÉE JEAN-PHILIPPE CHARBONNIER (1921-2004).

APPLICATION D'UNE FESSÉE PAR UN PROFESSEUR SUR UN ÉLÈVE DISSIPÉ DANS UN PENSIONNAT. GRAVURE PUBLIÉE DANS « LE JOURNAL DE LA JEUNESSE », HEBDOMADAIRE ILLUSTRÉ, EN 1886.

CETTE MÈRE DE SEPT ENFANTS, À L'AIR SOUCIEUX ET PRÉOCCUPÉ, GARDE LE SOIN DES SIENS, MALGRÉ LA MISÈRE QUI L'ACCABLE, DANS CETTE AMÉRIQUE DES ANNÉES 1930 EN PLEINE DÉPRESSION ÉCONOMIQUE. CLICHÉ SIGNÉ DOROTHEA LANGE (1895-1965).

UNE FAMILLE DANS SA HUTTE, QUI GARDE LE SOURIRE ET L'ESPÉRANCE, PHOTOGRAPHIÉE PAR JEAN-PHILIPPE CHARBONNIER, À ADEN, AU YÉMEN.

UN MOIS APRÈS LA GUERRE DU KIPPOUR, QUI RÉVÈLE AU MONDE OCCIDENTAL SA DÉPENDANCE AU PÉTROLE, LA BELGIQUE LANCE SA PREMIÈRE OPÉRATION JOURNÉE SANS VOITURES. AINSI, CE DIMANCHE DE NOVEMBRE 1973, LES FAMILLES CIRCULENT À BICYCLETTE DANS LES RUES DE BRUXELLES.

BANK VAN BRUSS

L'APPRENTISSAGE DE L'ÉCRITURE, MAIN DANS LA MAIN, AU TIBET. LA PRÉSENCE ADULTE EST CRUCIALE POUR AIDER L'ENFANT À PASSER CES ÉTAPES EN VUE DE SON AUTONOMIE FUTURE.

LES GRANDS-PARENTS
REPRÉSENTENT
UN REPÈRE, UN POINT
D'ANCRAGE, UNE
SÉCURITÉ AFFECTIVE
EN MÊME TEMPS
QU'ILS SONT
DES ÉCLAIREURS
DE VIE POUR LEURS
PETITS-ENFANTS.

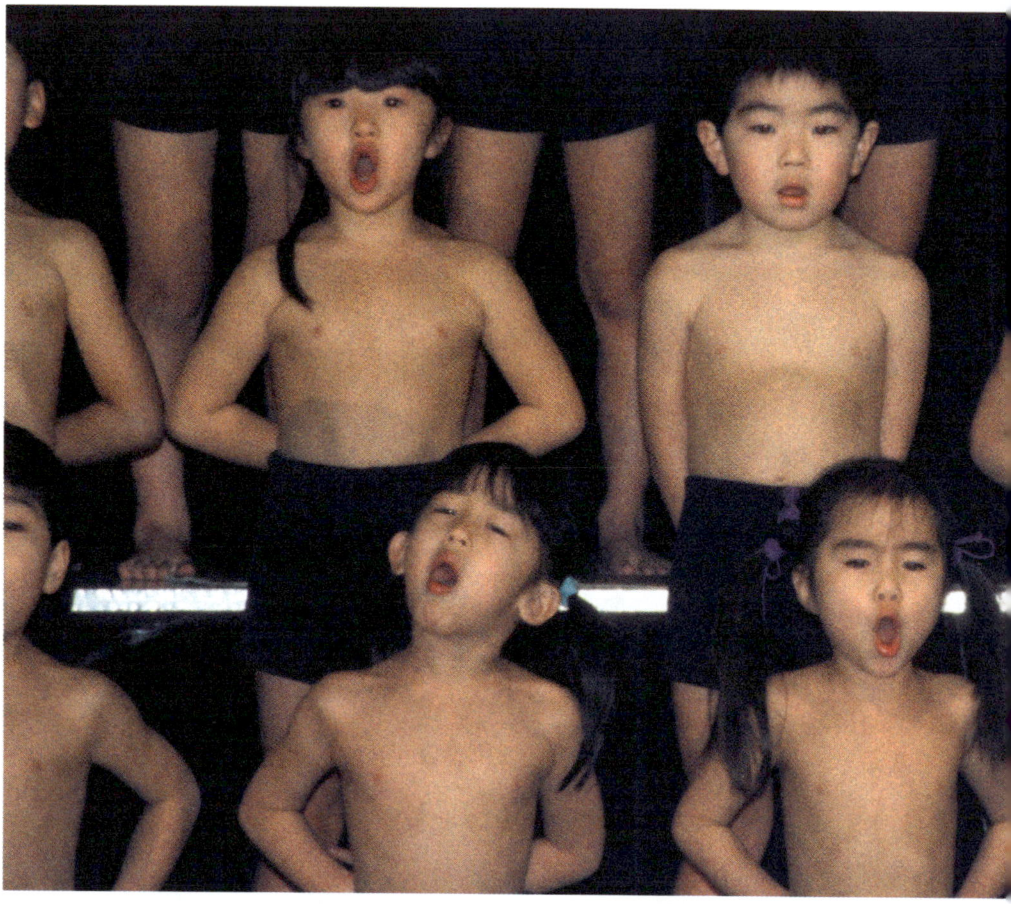

ÉLEVÉS « À LA DURE », CES ENFANTS JAPONAIS COMMENCENT LEUR SCOLARITÉ DANS UNE ÉCOLE DE KAWASAKI, DONT LA PÉDAGOGIE CONSISTE À LES AGUERRIR EN NE LEUR FAISANT PORTER QU'UN SHORT. ICI, EN MARS 1990, SUR SCÈNE DEVANT LEURS PARENTS, ILS S'APPRÊTENT À RECEVOIR UNE RÉCOMPENSE.

NOUVEAU-NÉS EN VRAC ET EN SÉRIE, ISSUS DE PROGRAMMES DE GESTATION POUR AUTRUI (GPA), EN UKRAINE. DANS CE PAYS, L'UN DES PLUS PAUVRES D'EUROPE, DES MÈRES PORTEUSES LOUENT LEUR UTÉRUS, ATTIRÉES PAR LES OFFRES DES CLINIQUES DE FERTILITÉ ET DE REPRODUCTION. ICI, EN MAI 2020, EN PLEIN CONFINEMENT, LES BÉBÉS RESTENT DANS UN ENTRE-DEUX INÉDIT, EN ATTENDANT QUE LES FRONTIÈRES OUVRENT ET QU'ON VIENNE ENFIN LES CHERCHER.

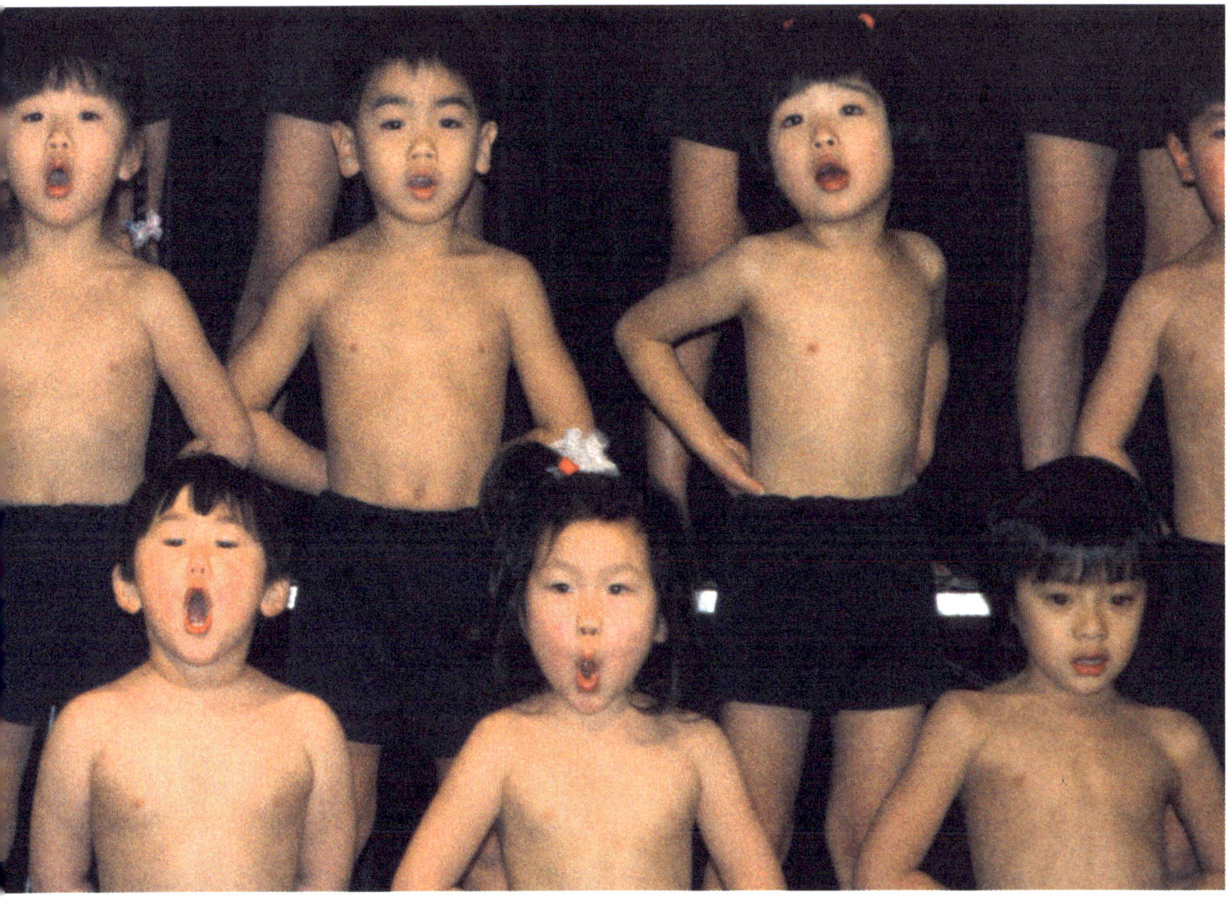

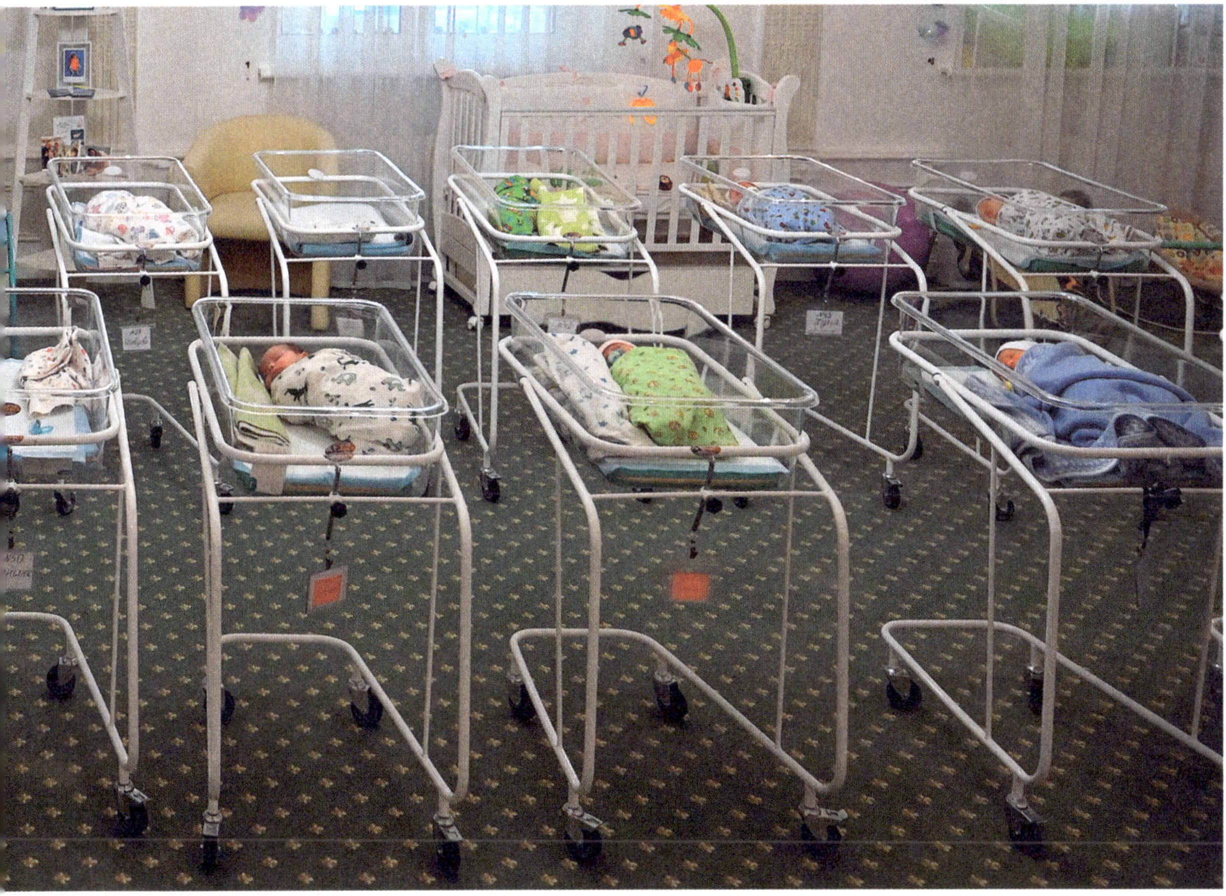

«LE CANTIQUE LE PLUS SUBLIME QU'ON PUISSE ENTENDRE SUR LA TERRE, C'EST LE BÉGAIEMENT DE L'ÂME HUMAINE SUR LES LÈVRES DE L'ENFANCE», ÉCRIT VICTOR HUGO EN 1874. L'ENTHOUSIASME ET LA JOIE DONT SONT CAPABLES LES ENFANTS PEUVENT ET DOIVENT SE RETROUVER À TOUS LES ÂGES ULTÉRIEURS.

LA TRANSMISSION RÉCLAME UN ZESTE DE PATIENCE ET BEAUCOUP D'AMBITION. ICI, UN GRAND-PÈRE ET SON PETIT-FILS FABRIQUENT UN NICHOIR.

APPRENTISSAGE DE L'ALPHABET AVEC LA MÉTHODE DES « LETTRES RUGUEUSES » DANS UNE CLASSE MONTESSORI DE 3-6 ANS.

AMY CHUA, MÈRE TIGRE AMÉRICAINE, AVEC SES DEUX FILLES, POUSSÉES À L'EXCELLENCE. « DONNER TROP DE CHOIX NE REND PAS NÉCESSAIREMENT HEUREUX. AU BOUT D'UN MOMENT, LES ENFANTS NE SAVENT PLUS CE DONT ILS ONT ENVIE. »

PARENTS ET ENFANTS DANS LA JOIE DE JOUER ENSEMBLE SUR LE PARQUET D'UNE CRÈCHE DE MANCHESTER, VILLE DU NORD DE L'ANGLETERRE, EN 2015. UN CLICHÉ DE MARTIN PARR.

L'ÉCRAN QUI RASSEMBLE :
UNE FAMILLE JOUE ENSEMBLE
GRÂCE À UNE CONSOLE VIDÉO
SUR LE POSTE DE TÉLÉVISION,
À PARIS, EN 1983.

LES ÉCRANS QUI SÉPARENT : CES ADOS SONT PLONGÉS DANS LA CONTEMPLATION DE LEUR SMARTPHONE, SOUSTRAITS À LEUR ENVIRONNEMENT IMMÉDIAT, COMME HAPPÉS.

CONNECTÉS ET DÉPENDANTS : QUELLES SOLUTIONS ?

Ballottés entre les promoteurs de la révolution numérique et ceux qui crient au pillage neuronal de leurs enfants, découvrant une vie familiale fragilisée, les parents sont bien souvent désemparés. Jeux vidéo, phénomènes d'addiction, harcèlement en ligne... Les risques que fait peser la fréquentation assidue des écrans semblent établis mais leur puissance reste difficile à contrer. Tour d'horizon et conseils, sans oublier de méditer cette phrase de Georges Bernanos : « Le démon de notre cœur s'appelle "À quoi bon !" ».

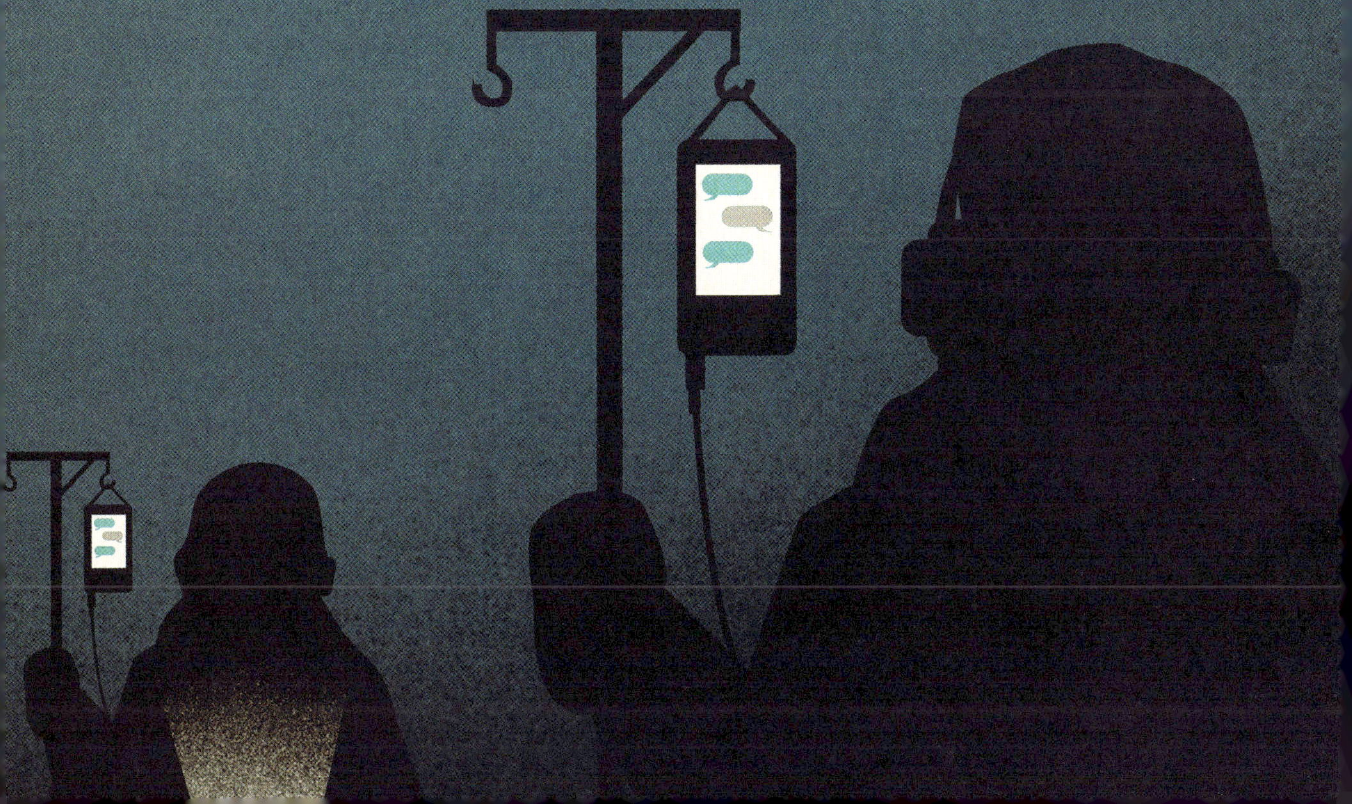

Tablettes, smartphones, ordinateurs... Les écrans sont partout. Quel développement entravent-ils ? Comment les transformer en outils éducatifs ?

Peut-on débrancher nos enfants ?

*Par Guyonne de Montjou**

L'appartement est plongé dans la pénombre. Les habituels cris d'enfants ont laissé place au silence. Quelqu'un retient son souffle dans la pièce voisine. Le parquet craque. « *Y a-t-il quelqu'un ?* » Pas de réponse. Un bruit furtif. Dans la chambre, les enfants, assis sur le lit, viennent de cacher la tablette sous la couette. Au sein des familles, l'écran est devenu un objet stratégique autour duquel les vies tournent, les relations se structurent, les conflits naissent. « *Connecté, il devient ce lien vers le monde extérieur qu'on ne peut plus lâcher* », déclare la psychologue clinicienne Béatrice Copper-Royer, qui avoue consacrer 40 % de ses consultations à ce sujet avec les jeunes, souvent lors d'un décrochage scolaire.

Téléphones, ordinateurs, télévision, tablettes... Ces outils deviennent familiers dès le plus jeune âge, parfois bien avant l'école. Dans un centre de protection maternelle et infantile (PMI) de Paris qui n'a pas souhaité être identifié, les éducatrices ont vu débarquer un enfant de 18 mois déjà équipé d'un iPhone avec des dessins animés en flux continu. « *Cette addiction précoce,* raconte la responsable, *a déclenché une série de problèmes : langage retardé, inadaptabilité au groupe, prédiagnostic d'autisme et, surtout, trois sens - le goût, l'odorat, le toucher - absolument laissés en friche, sans stimulation.* »

Une solution, une seule, et qui donne des résultats spectaculaires d'après cette praticienne de l'enfance : procéder à un sevrage total des écrans, éteindre et cacher télévision, ordinateurs et téléphones pendant plusieurs semaines ! « *C'est souvent l'occasion d'une rééducation pour toute la famille, car les enfants collés aux tablettes miment l'usage des adultes de leur en-*

tourage », poursuit-elle. Ainsi voit-on parfois des nounous, aides à domicile, voire des mères de famille, le téléphone avec l'oreillette pendant que les enfants en poussette les observent. Pas étonnant que ceux-ci aient pour obsession d'utiliser l'objet lorsque celui-ci se trouve enfin à leur portée. « *La question de l'exemple me semble centrale*, note Béatrice Copper-Royer. *Je me souviens de cette mère qui consultait ses e-mails pendant la séance que suivait son fils ! Il faut que le discours des parents soit cohérent avec leur attitude. Un jour,* s'amuse-t-elle, *une petite fille m'a dit qu'elle était partie en vacances avec sa mère, sa sœur, son père et aussi son téléphone portable !* » Béatrice Copper-Royer recommande aux parents de ne pas laisser les enfants jusqu'à 8 ans user d'une tablette ou d'un smartphone plus de vingt minutes par week-end.

Ce n'est pas le moindre des paradoxes que d'apprendre que les Californiens qui façonnent les technologies de demain inscrivent souvent leurs enfants dans des écoles totalement déconnectées

L'une des clés pour dompter ces objets attractifs consiste à sanctuariser certains lieux non connectés de la maison et à définir des instants privilégiés de la vie quotidienne. Ainsi peut-on bannir par exemple les écrans des chambres à coucher. Selon Jacques Henno, spécialiste du bon usage des écrans, plus de la moitié des élèves de CP (6 ans) ont déjà un outil connecté dans leur chambre. « *Les parents doivent réclamer le téléphone à leurs enfants le soir. L'afflux frénétique de messages sur les réseaux sociaux les rend dingos, incapables de se concentrer,* explique Béatrice Copper-Royer, par ailleurs présidente de l'association e-Enfance, qui vise à protéger les jeunes des dangers d'internet. *Je vois beaucoup trop d'enfants fatigués.* » Même Melinda Gates, dans le *Washington Post*, raconte les repas « hors écran » qu'elle impose à ses enfants. L'épouse du fondateur de Microsoft confesse son inquiétude concernant la génération connectée. « *Si c'était à refaire,* avoue-t-elle, *j'aurais davantage attendu avant de mettre un ordinateur dans les poches de mes enfants (…). Les adolescents qui n'ont pas encore d'outils émotionnels pour manier les complications et confusions de la vie peuvent voir exacerbées les difficultés à grandir.* » Ce n'est pas le moindre des paradoxes que d'apprendre que les Californiens qui façonnent les technologies de demain inscrivent souvent leurs enfants dans des écoles totalement déconnectées. La pédagogie de la Waldorf School of the Peninsula développe le « faire » des élèves, leur mémoire, leur capacité à agir sur leur environnement réel, à interagir dans le groupe, à libérer leur créativité. Cette école, née en 1984 dans la Silicon Valley, respecte chaque étape du développement de l'enfant, loin des écrans, privilégiant la construction d'édifices à partir de blocs d'argile plutôt qu'avec une souris sur des sites au contenu contestable.

L'IMPORTANCE DE L'EMPATHIE

D'après une enquête de l'Association française de pédiatrie ambulatoire (Afpa), menée auprès de 428 enfants, 47 % des enfants de moins de 3 ans en France utilisent des écrans interactifs tels que tablettes ou smartphones (93 % à la maison et 12 % en voiture). Or, comme l'explique Boris Cyrulnik avec la voix rassurante de celui que plus rien ne surprend, « *un bébé au stade préverbal (jusqu'à 20 mois) va attendre la fin de votre phrase pour faire son babil. C'est une étape qu'on appelle le "façonnement interactif". Avec vos mots d'adulte, votre visage expressif, par des gestes, vous interagissez avec le bébé et lui apprenez le rythme du dialogue. L'ordinateur ne peut vous remplacer. La machine apporte des satisfactions immédiates, mais elle ne sourit pas et ne synchronise jamais. Ces deux années préverbales sont cruciales pour l'enfant : elles mettent en place les connexions synaptiques et consolident une sorte de niche sensorielle précoce. Lavé, nourri, embrassé, câliné, consi-*

déré, le bébé acquiert sa confiance en lui. Celle-ci permet ensuite de transformer toute information nouvelle en jeu. » Autrement dit, la petite enfance constitue ce matelas, cette base intime qui « configure » - pour employer un terme informatique - le futur rapport au monde de l'individu. Plus celui-ci est épais, moelleux, confortable et, surtout, singularisé, lié à un attachement affectif, plus l'enfant sera apte à « amortir », à métaboliser, manier, sublimer, transformer, interpréter le sens abrupt des événements. Or, aujourd'hui, on observe un phénomène nouveau. Là où deux enfants sur trois acquéraient jadis cette sécurité qui « tutorisait » leurs réflexes, « *aux États-Unis, le nombre d'enfants "secure" est en train de descendre au-dessous de la barre des 50 %. Cela doit être en partie lié,* hasarde Boris Cyrulnik, *à l'omniprésence du numérique mais aussi aux nouvelles structures familiales.* »

« Pour les jeunes, le porno n'est pas une rencontre sexuelle, c'est un acte orificiel. La sexualité est déconnectée de l'empathie »
BORIS CYRULNIK

Le père de la résilience insiste sur l'importance de l'empathie, conçue comme un rempart à la déshumanisation en cours : « *Le bébé est fasciné, médusé, captivé par les écrans. Cela est pour lui aussi agréable qu'une hypnose mais va altérer irrémédiablement sa capacité d'empathie - définie comme l'aptitude acquise progressivement à se représenter le monde de l'autre. Si au cours de mon développement,* insiste Cyrulnik, *je me suis représenté votre monde mental grâce à des altérités nourries, alors j'ai appris à me représenter le monde d'un autre. Je ne peux plus tout me permettre. Quelque chose va me freiner. Je vais être gêné de vous gêner. Sinon, je ne me rends même pas compte que je suis pervers. Je n'ai pas de représentation mentale. La plupart des violeurs,* conclut-il, *sont d'une innocence criminelle incroyable. Ils ne se rendent pas compte du mal qu'ils ont causé.* »

COMBINER LE LIVRE ET L'ÉCRAN

Alors, faut-il interdire l'accès aux écrans à nos enfants ? Pas si simple. Olivier Houdé, directeur du laboratoire CNRS de psychologie du développement et de l'éducation de l'enfant à la Sorbonne, explique : « *Contrairement à un cliché souvent répandu, le recours aux écrans n'exclut pas nécessairement les interactions sociales et le partage à travers ou autour de l'écran, ni même des jeux de motricité fine avec les doigts, par exemple dans des logiciels éducatifs de géométrie Montessori où il s'agit d'imiter des rotations d'objets en 3D. Les laboratoires de sciences cognitives,* ajoute-t-il, *ont aussi conçu des logiciels spécialisés pour aider les enfants à surmonter sur mesure, c'est-à-dire à leur rythme avec l'ordinateur, les difficultés d'apprentissage en calcul et en lecture. Des études de psychologie expérimentale ont également démontré que la pratique de jeux vidéo d'action améliore les capacités d'attention visuelle des enfants de 7 à 17 ans : une meilleure exploration du champ visuel pour identifier un élément particulier sur l'écran, la rapidité à changer de cible (flexibilité) et la capacité de prêter simultanément attention à plusieurs choses.* » Quid de la mémoire que

Jusqu'à la puberté, les écrans revêtent un enjeu d'autant plus fabuleux que l'imaginaire est sans frontières. Fabuleux au sens propre

LA LUMIÈRE BLEUE QUE DIFFUSENT LES ÉCRANS ALTÈRE LA PRODUCTION DE MÉLATONINE, INDISPENSABLE À LA BONNE RÉGULATION DU SOMMEIL.

les écrans, devenus nos cerveaux exogènes, aboliraient ? Une étude de psychologie expérimentale met en évidence que déjà les jeunes adultes d'aujourd'hui retiennent plus les accès (les liens sur les moteurs de recherche) que les contenus eux-mêmes et leur synthèse. « *L'enjeu impératif, urgent,* affirme Olivier Houdé, *est ici de préserver complémentairement, pour les nouvelles générations, une forme d'intelligence, de mémoire et de conscience, plus lente, profonde et cristallisée, ou fixée, comme l'était jadis l'intelligence littéraire, depuis la révolution de l'imprimerie à la Renaissance. C'est le livre et l'écran qu'il faut combiner harmonieusement dans l'éducation d'aujourd'hui si l'on veut que nos enfants intègrent la double révolution de l'imprimerie et du numérique dans les nouveaux circuits neuroculturels de leur cerveau.* »

Reste que, trop souvent, les enfants se retrouvent seuls devant leurs petits quadrilatères lumineux qui les médusent. L'enquête précitée de l'Afpa établit que près d'un tiers des moins de 3 ans utilisent les écrans sans la présence d'un adulte. C'est là que le bât blesse. L'enquête nous apprend ainsi que 35 % en moyenne de ces enfants ont regardé un programme non adapté à leur âge, au mieux le journal télévisé. Un chiffre alarmant qui ne fait que croître jusqu'à la puberté où, là, presque tous ont vu des images choquantes. Selon Jacques Henno, qui étudie l'impact des écrans sur les enfants, « *en France, 10 % des élèves de CM1 sont équipés de smartphones, 30 % le sont l'année suivante et 90 % des élèves de sixième en ont un en leur possession. L'outil personnel, dans la poche en permanence et sur lequel les parents n'ont presque pas de contrôle, est donc courant pour les enfants dès l'âge de l'entrée au collège, soit 11 ans.* »

Or, jusqu'à la puberté, les écrans revêtent un enjeu d'autant plus fabuleux que l'imaginaire est sans frontières. Fabuleux au sens propre : ces écrans connectés racontent des fables, et pas toujours celles que l'on attend. Ainsi Laure R., mère de 6 enfants, explique pourquoi elle s'efforce de doser la présence des écrans dans la famille : « *Les enfants encaissent beaucoup de violence cachée dans ces images et j'observe que, dès que le film est fini, ils crient ou se disputent. À chaque fois, c'est flagrant ! Comme s'ils voulaient rejouer cette violence concentrée vue dans les scénarios et les images.* » Plus grave : Fleur B. se souvient ainsi de sa fille de 9 ans, passionnée d'équitation, « *qui n'a le droit qu'à trente minutes d'ordinateur le mercredi après-midi* », réapparaissant, livide, titubante, après s'être égarée sur la toile en recherchant la bande-annonce de son film préféré, *L'Étalon noir*. « *Ce jour-là, elle n'a pas été déçue* », ironise sa mère. Encore sous le choc des images pornographiques qu'elle avait vues, « *ma fille était comme sidérée, mutique. Une immense question s'ouvrait pour elle.* » Comment la refermer ? « *Deux semaines après avoir vu une vidéo sexuellement violente, ma petite fille de 8 ans est devenue obsessive,* raconte André V. *La scène qu'elle avait regardée sur l'ordinateur d'une amie est progressivement devenue légendaire, irréelle mais récurrente pour elle. J'ai compris alors que l'âme d'une enfant n'était pas assez forte, pas assez consolidée pour résister à l'assaut des images. Celles-ci la débordaient.* » Il lui aura fallu dix séances auprès d'une thérapeute avisée pour sortir du circuit infernal des obsessions avec, toujours, le risque de voir cette scène revenir ponctuellement la hanter.

Une psychologue raconte encore ce patient de 11 ans qui s'est déshabillé dans un bus scolaire et dont elle a découvert qu'il passait depuis l'été tous ses mercredis après-midi à regarder des sites pornos avec ses amis : « *Se trouvant lui-même dans une sexualité non agie, envahi d'émois sexuels, il était totalement perturbé. Sa représentation du coït violente et surdimensionnée le plongeait dans un mélange d'inquiétude et d'excitation quasi intolérable.* » « *Pour les jeunes, le porno n'est pas une rencontre sexuelle, c'est un acte orificiel. La sexualité est déconnectée de l'empathie* », conclut Cyrulnik.

DES TABOUS DIFFICILES À MANIER

Que sont nos enfants devenus, sous perfusion d'images sans relief, sans hiérarchie, face auxquelles ils se trouvent le plus souvent seuls et passifs ? « *Il faut tenir le plus longtemps possible sans donner de smartphone*, s'époumone Jacques Henno à longueur de conférences. *Tenir jusqu'au moment où cela devient pour votre enfant un handicap social de ne pas en avoir. Il faut,* ajoute-t-il, *immédiatement y associer des règles strictes et un logiciel de contrôle parental.* » Deux outils efficaces quadrillent le marché. Pour moins de 80 euros par an, Kaspersky Total Security et Norton Family permettent de bloquer une dizaine de terminaux (tablettes, ordinateurs et téléphones) après l'heure autorisée et signalent aux parents les tentatives d'aller sur des sites prohibés. « *Ces outils filtrent les contenus et informent les parents sur les visuels émis par leurs enfants. Car avant 12 ans, ceux-ci ne sont pas capables de gérer leur intimité, leur image. Ils envoient des photos d'eux qui les exposent à des commentaires qui peuvent durablement les fragiliser* », poursuit Jacques Henno. Ces logiciels permettent d'appréhender le stade où ils en sont et de nourrir un dialogue parents-enfant à partir de la réalité. « *Trop souvent,* raconte cette mère de trois enfants, *je marche en terrain miné. Me trouvent-ils naïve ? Que connaissent-ils déjà ? Qu'ont-ils vu ? Quels sites les attirent ? Autant de tabous qu'il est difficile de manier, même avec ses propres enfants.* » Une expérience vécue par cette grand-mère voyageuse qui s'est vu offrir des followers *(les utilisateurs d'un réseau social ayant fait le choix de s'abonner au compte d'un autre, et donc de le suivre, NDLR)* pour son anniversaire :

« Il faut tenir le plus longtemps possible sans donner de smartphone (...). Ensuite immédiatement y associer des règles strictes et un logiciel de contrôle parental »

JACQUES HENNO

« Ma petite fille de 11 ans m'a montré les hashtags et le type de photos qui plaisaient sur Snapchat. Elle m'a permis de gagner en quelques mois près de 3 000 followers : un sacré cadeau ! », s'étonne-t-elle encore.

Dans la cour de cette école primaire ce matin-là, dans laquelle les téléphones sont pourtant bannis, on entend fuser les mots « Snapchat », « Instagram », *« tu m'as liké, accepté comme ami », « screenshooté »*. Les élèves de CE2 sont incollables sur la réponse d'untel ou l'effet visuel d'une telle sur la photo publiée la veille sur « Insta », consulté à la maison. « *La réponse la plus fréquente des jeunes face aux écrans aujourd'hui, c'est de liker* (signifier par une icône que l'on a aimé un contenu) *! Mais un like n'est pas un raisonnement ni de la logique ! Que devient le pays de Descartes, sa méthode et ses règles pour la direction de l'esprit si sa jeunesse ne fait plus que dire "j'aime" ou "j'aime pas" face à des images* ? s'interroge Olivier Houdé, auteur d'*Apprendre à résister. Pour l'école, contre la terreur* (Le Pommier, 2017). *La vitesse de la culture numérique actuelle n'est pas toujours signe d'intelligence. Il faut, au contraire, apprendre aux enfants à s'arrêter face aux écrans et à réfléchir, à raisonner ! Cela préparera des citoyens capables de tourner sept fois leur pouce dans leur main avant de tweeter et de résister à la manipulation, voire à la radicalisation via les écrans.* »

« À quels enfants allons-nous laisser le monde ? »
JAIME SEMPRUN

Baudouin de Bodinat, auteur mystérieux qui cultive l'anonymat et observe notre époque avec une pertinence certaine, écrit : « *Élevé par cette pédagogie de la non-contradiction, le petit consommateur aura peu de circonstances pour développer dans son caractère et sa pensée la capacité de résistance à la contrainte. Arrivé à un certain âge, ce même consommateur est incapable de comprendre la contrainte qui s'exerce tout à coup sur lui, et qui se cachait derrière les boissons sucrées, les dessins animés, l'ordinateur qui parle gentiment.* »

UN ENJEU IMMENSE

Au-delà de la préservation d'un certain esprit d'enfance, l'enjeu est aussi celui de la liberté. Grégaires, suivistes, conformistes, décérébrés, « génération canapé », comme l'appelle le pape François, ces jeunes sont-ils en train de passer à l'immense moulinette des nouvelles technologies qui abolit toute aspérité ? « *Les normes du monde numérique renforcent énormément le narcissisme, avec la prégnance d'images truquées qui ont un impact fort sur les plus fragiles* », complète Béatrice Copper-Royer. Par ailleurs, les inégalités sociales se creusent à l'aune de ces outils. « *Les enfants ayant accès à une offre culturelle ample, parlant plusieurs langues étrangères et dont les parents ont été présents et disponibles tirent le meilleur de ces outils*, analyse Boris Cyrulnik. *Ils arrivent à l'âge adulte outillés, avec des réseaux d'amis et des possibilités décuplées tandis que ceux qui n'ont pas eu les compléments culturels à cette ouverture aux écrans se retrouvent comme dans une prison.* »

À l'heure où Jean-Michel Blanquer, ministre de l'Éducation nationale, a toutes les peines du monde à bannir les écrans des collèges, il serait judicieux de ménager des sanctuaires pour une parole conviviale, un apprentissage fondamental et des échanges apaisés. L'enjeu est immense. Il n'est peut-être pas trop tard pour répondre au constat que formulait Jaime Semprun il y a vingt ans : « *Quand le citoyen-écologiste prétend poser la question la plus dérangeante en demandant : "Quel monde allons-nous laisser à nos enfants ?", il évite de poser cette autre question, réellement inquiétante : "À quels enfants allons-nous laisser le monde ?"* » ■

**Article paru dans* Le Figaro Magazine *le 20 octobre 2017.*

Nés à la fin des années 1990, ces parents surconnectés ne se fient qu'à internet. Et surtout pas à l'instinct ou à l'expérience. Les « bébénnials » n'ont qu'à bien se tenir !

Les « parennials », ces parents conseillés par Google

*Par Valérie de Saint-Pierre**

Les millennials font fantasmer, vous l'aurez remarqué ! Ils sont sans doute la seule tranche d'âge à être autant décortiquée et courtisée par les sociologues de tout poil. Dernière trouvaille en date ? Le terme, de plus en plus populaire dans les journaux et les manuels de marketing, de « parennials ». De quoi s'agit-il ? Cet hybride de « parents » et de « millennials » (nous y voilà), inventé par le *New York Times* fin 2017, résume un fait pourtant banal : les millennials ont grandi et, sans doute un peu las d'élever des *Monstera deliciosa* (ou une autre plante verte hautement instagrammable sur fond… « millennial pink » !), ils se sont mis à faire des bébés. Jusque-là, pas de quoi faire une tendance lourde… Sauf que, bien sûr, ils ont une approche bien particulière de la parentalité !

LA NOUVELLE NOUNOU EST VIRTUELLE

Les millennials ne font jamais rien comme tout le monde, en tout cas celui d'avant. Ils sont ainsi, aux dires de nombreux observateurs, la première génération de primipares qui compte se passer totalement de la transmission orale ou livresque des aînés ou des contemporains plus expérimentés. Point de question fiévreuse à sa maman ou à sa meilleure amie déjà passée à la casserole du premier bébé pour la jeune mère parennial ! Selon Rebecca Parlakian, directrice du programme américain de soutien aux jeunes parents Zero to Three, en effet, *« Google est le nouveau grand-parent, le nouveau voisin, la nouvelle nounou.* » Un clic, et mille réponses fusent sans attendre, quel enchantement ! Et si, par hasard, aucun forum n'est à la hauteur, le parennial, qui code souvent comme il respire, met au point lui-même son petit machin perso, c'est plus simple… Ainsi l'ingénieur californienne Anne Halsall, qui, dépitée de ne pas trouver de réponses à ses bugs d'allaitement, a créé l'appli Baby's Days. Une aide à la gestion du sujet qui renvoie les petits carnets d'antan - où l'on notait précieusement les heures et le dernier sein contributeur - à la préhistoire !

LE TRIPADVISOR DES BABY-SITTERS

Ils sont comme ça, les parennials, ils préfèrent s'en remettre, dans la solitude des grandes villes, à des outils d'accompagnement et de soutien virtuels. Après tout, quand on a pris l'habitude de choisir ses restos ou ses amoureux sur le net, évalués par sa communauté, pourquoi ferait-on autrement pour trouver d'autres jeunes mères sympas à fréquenter ou une nounou irréprochable ?

L'appli française WeMoms *(« Entre mamans, on se comprend »)* et sa consœur américaine Peanut, surnommée le *« Tinder de la maternité »*, permettent ainsi de zapper la pénible phase d'approche sur un banc de square glacial. Elles géolocalisent dans le périmètre les « neomums », avec lesquelles on a le plus d'atomes crochus, et roulez jeunesse… Pas sûr qu'on les rencontre IRL (*In Real Life*) un jour, mais quel bonheur, au cœur de la nuit, de pouvoir se servir de sa main libre - l'autre est prise par le biberon ! - pour texter frénétiquement entre consœurs !

L'appli Bsit de son côté, tel le TripAdvisor de la baby-sitter, permet un classement impitoyable des gardes d'enfants inscrites : il est loin le temps où l'on soudoyait, sur une impulsion, la fille des voisins pour sortir enfin dîner seule avec le père de son nourrisson… Les parennials ne prendraient jamais le risque d'une telle improvisation ! Ils utilisent des mémos technos qui s'appellent Baby Manager, c'est dire…

Pourquoi sont-ils à ce point dans le contrôle vétilleux de chaque acte ? Ils appliquent aux premiers jours de leur nouveau-né la même rigueur entrepreneuriale qu'au lancement d'une start-up : il leur faut un business plan ! Les parents à l'ancienne auraient sans doute été terrifiés par une autre de leur bijou techno fétiche, l'appli The Wonder Weeks. Cette dernière alerte tout simplement quand le bébé est censé franchir un seuil d'apprentissage cognitif significatif ! Les parennials adorent connaître le programme à l'avance, quand leurs propres géniteurs auraient trouvé terriblement anxiogène de se voir ainsi signifier régulièrement des normes de développement… C'est déjà assez angoissant comme ça, quelquefois, le premier enfant, pourquoi en rajouter ?

On en vient d'ailleurs à plaindre un peu ces pauvres parennials ultraconnectés cherchant inlassablement sur la toile des réponses aux interrogations fébriles qui déferlent forcément sur les jeunes parents. Ces milliards d'informations contradictoires, non contrôlées, volontiers alarmistes, franchement « fake » quelquefois, dont internet a le secret, quand on stresse face à un érythème fessier géant ? Ou face à un reflux spectaculaire ? Laurence Pernoud, réveille-toi, ils sont devenus fous ! ■

**Article paru dans* Madame Figaro *le 3 février 2019.*

Le linguiste souligne combien le manque de vocabulaire, qui appauvrit le rapport au monde, appelle la violence.

« La pénurie de mots, une des causes de la violence des adolescents »

*Par Alain Bentolila**

Une partie importante des jeunes Français ne possède que quelques centaines de mots, quand il leur en faudrait plusieurs milliers pour tenter d'examiner et d'accepter pacifiquement leurs différences et leurs divergences. Lorsqu'ils doivent s'adresser sereinement et explicitement à des gens qu'ils ne connaissent pas, avec lesquels ils ne partagent pas les mêmes convictions, les mêmes croyances, la même appartenance, un vocabulaire exsangue et une organisation approximative des phrases et des discours ne leur donnent pas la moindre chance de relever le défi de l'explication sereine. Confinée dans des cercles étroits et oppressants des ghettos sociaux et des friches rurales, leur parole fut très rarement sollicitée pour l'analyse et la problématisation. S'expliquer leur paraît alors aussi difficile qu'incongru.

Beaucoup de jeunes en insécurité linguistique ont ainsi perdu cette capacité spécifiquement humaine de tenter d'inscrire pacifiquement leur pensée dans l'intelligence d'un autre par la force respectueuse des mots. Réduite à la proximité et à l'immédiate réaction, leur parole a définitivement renoncé à créer un temps de sereine négociation linguistique, seule capable d'éviter le passage à l'acte violent et à l'affrontement physique. Leur parole devenue « éruptive » n'est le plus souvent qu'un instrument d'interpellation brutale et d'invective qui banalise l'insulte et précipite le conflit plus qu'elle ne le diffère.

S'ils passent à l'acte de plus en plus vite et de plus en plus fort aujourd'hui, c'est en partie parce que l'école comme la famille n'ont pas défendu avec suffisamment de conviction et d'amour la vertu de rassemblement pacifique du langage. L'une comme l'autre ont oublié que cultiver la langue de leurs enfants, veiller à son efficacité et à sa précision c'était permettre de mettre en mots ses frustrations, de formuler ses désaccords et… de lui apprendre à retenir ses coups. École et famille n'ont pas su mener un combat quotidien et combien nécessaire contre l'imprécision et la confusion des mots, sources de tous les malentendus ; elles ont ainsi renoncé à ce que chaque jeune puisse aller chercher au plus loin de lui-même celui qu'il ne connaît pas, celui qui ne lui ressemble pas, celui qui ne l'aime pas et à qui il le rend bien.

DÉNOUER LES INCOMPRÉHENSIONS

Comment peut-on appeler à une participation de tous les jeunes aux débats essentiels de notre nation alors que, pour certains, la langue qu'on leur a apprise ne leur permet pas de dénouer les incompréhensions et de jeter des ponts au-dessus des fossés culturels, sociaux et confessionnels qui les divisent ? Reconnaître leurs différences, les explorer ensemble, reconnaître leurs divergences, leurs oppositions, leurs haines et les analyser ensemble, ne jamais les édulcorer, ne jamais les banaliser, mais ne jamais leur permettre de mettre en cause leur commune humanité : voilà à quoi devrait servir la langue française qu'on leur a si mal transmise ; voilà à quoi devraient servir ses conventions non négociables qui devraient les lier, quelles que soient leurs appartenances respectives.

Il est certes des bavards violents et des taiseux doux comme des agneaux. La parole n'a pas le pouvoir magique d'effacer la haine, ou de faire disparaître les oppositions, mais elle a la vertu d'en rendre les causes audibles pour l'un et l'autre ; elle ouvre ainsi à chacun le territoire de l'autre. On a failli à enseigner à des jeunes égarés que, ce qui sépare l'homme de l'animal, c'est sa capacité d'épargner celle ou celui qui affiche ingénument sa vulnérabilité. Sa faiblesse, parce qu'elle est humaine, doit être la meilleure garantie de sa survie ; sa fragilité, parce qu'humaine, doit être sa plus sûre protection ; sa parole, parce qu'humaine, représente sa plus juste défense par sa vertu à échanger des mots plutôt que des coups de couteau.

Le désespoir de ne compter pour rien ni pour personne, le refus de se résigner à ne laisser ici-bas aucune trace de leur éphémère existence ont réduit certains des enfants de ce pays, au sein même de l'école de la République, à tenter de trouver d'autres moyens pour imprimer leurs marques : ils haïssent, ils meurtrissent, ils tuent ou ils se tuent. Leur violence s'est nourrie de l'impuissance à convaincre, de l'impossibilité d'expliquer, du dégoût d'eux-mêmes et de la peur des autres. Leur violence est d'autant plus forte, d'autant plus immédiate qu'elle est devenue muette. Un regard de travers peut coûter une vie.

Trois axes me paraissent essentiels pour donner une chance à la langue d'imposer sa loi pacifique à la violence meurtrière. D'abord, nourrir très tôt nos enfants de mots en nombre et en qualité. Ensuite, privilégier absolument la compréhension des phrases et des textes afin que la lecture ne soit pas un déchiffrage aride. Enfin, ne pas coller son enfant devant les écrans de la télévision, de l'iPhone ou des jeux vidéo. Parlez et parlez encore, écoutez et écoutez encore, discutez, argumentez, racontez, et… regardez votre enfant dans les yeux, apprenez à soutenir son regard qui vous questionne, qui parfois vous jauge et souvent vous supplie de lui assurer qu'il existe et qu'il compte pour vous. ■

* *Tribune parue dans* Le Figaro *le 10 octobre 2020.*

Conçus pour susciter un état d'excitation frénétique, les jeux vidéo comme « Fortnite » s'avèrent sournoisement nocifs. Cas d'école.

La dangereuse addiction aux jeux vidéo

*Par Marie-Claude Bossière et Catherine Vidal**

Les mécanismes addictifs de *Fortnite*, pensés par des neuropsychologues, élaborés par les industries de jeux vidéo, amènent les joueurs à jouer toujours plus souvent et plus longtemps. (...) Les consommateurs de jeux vidéo, majoritairement des garçons, commencent leur pratique vers 7-8 ans alors que le classement PEGI de *Fortnite* indique que ce jeu est réservé aux plus de 12 ans. Mais ces consommateurs connaissent-ils ce qui se cache derrière le côté si « agréable » de ce jeu ?

Rappelons d'abord aux lecteurs ce qu'est *Fortnite*. C'est un jeu « free to play », un jeu dit gratuit qui propose une évolution du scénario au fur et à mesure de l'avancée du jeu, avec une richesse et des possibilités d'action développées dès le premier épisode pour appâter le joueur. On y trouve des mécanismes de construction comme dans *Minecraft*, qui permettent de développer une créativité personnelle et aussi une forme de reconnaissance sociale par les 150 millions d'autres joueurs. Le phénomène de rétention intervient tout de suite, car la première session est conçue précisément pour être très attractive : richesse du contenu, missions, random, multi-tchat, team, sharing, tournois... Tout cela se situe du côté du plaisir immédiat. Mais que se passe-t-il ensuite ? L'objectif de ce jeu « gratuit » est d'attirer les publics sur des contenus payants : un joueur dépense en moyenne 80 € pour acheter des accessoires, armes, costumes... Comment les adolescents paient-ils ? Les parents sont-ils au courant ? Il s'agit d'attirer le joueur par un « conditionnement opérant », qui tire son origine d'expériences réalisées par Burrhus F. Skinner *(psychologue américain, penseur influent du behaviorisme, NDLR)* avec des rats ou des pigeons. Des processus aléatoires « loots », comme pour les machines à sous, maintiennent une excitation permanente et addictive dans une contrainte de temps, ce qui oblige à être productif, donc à rester longtemps connecté. Skinner avait mis en évidence que des pigeons dans une cage se lassent assez vite d'obtenir de la nourriture en appuyant sur une manette. Sauf si la nourriture est délivrée de façon aléatoire : les pigeons appuient alors sans interruption sur cette manette jusqu'à se casser le bec ! C'est le même système de récompense dans *Fortnite*...

Les joueurs savent-ils que les services d'addictologie, auparavant dédiés à la toxicomanie ou aux drogues, sont maintenant consacrés aux jeunes addicts aux jeux vidéo ? Une tribune publiée dans le journal *Le Monde* le 26 novembre 2020 par le Pr Richard Delorme, chef de service de pédopsychiatrie de l'hôpital Robert-Debré, tirait la sonnette d'alarme sur l'état de santé psychologique des adolescents, le deuxième confinement amenant une aggravation des comportements addictifs liés aux jeux vidéo, mais aussi à tous types d'écrans. *« Cela a un impact majeur sur les relations familiales, la scolarité, le sommeil »*, indique le docteur Benjamin Pitrat, de l'hôpital Robert-Debré. L'addiction aux écrans, qui représentait 10 % de ses consultations il y a sept ans, en représente 90 % aujourd'hui. Dans certains cas, *« lorsque les parents arrêtent l'écran, cela amène l'enfant à des crises qui peuvent être impressionnantes : insultes, portes brisées à coups de pied, menaces de suicide... »*, dit-il. Autant de dommages collatéraux trouvant leur origine de plus en plus précocement.

Les conséquences de ces addictions sont terribles. Tentatives de suicide chez des enfants de 10 ans parce qu'ils perdent à *Fortnite*, comme si la vie ne valait plus la peine d'être vécue. Difficultés scolaires liées aux troubles de l'attention et de la concentration et au manque chronique de sommeil, inversion veille-sommeil, sentiment de mal-être, développement d'un absentéisme, troubles relationnels, agressivité, d'où des décrochages scolaires engendrant déscolarisation, parents dépassés... tous ces symptômes sont de plus en plus fréquents. La situation d'enfants déscolarisés sans solution en fin de troisième n'est-elle pas terrible ? Terribles aussi, les crises de violence : bris d'objets, coups envers les parents, crises pouvant amener à appeler les pompiers, voire hospitalisations. Terribles encore, les retentissements sur la santé physique, avec l'absence d'activité physique si importante à l'adolescence, la perte des relations familiales et amicales, la réduction des intérêts, l'arrêt des activités extrascolaires auparavant investies, l'absence d'investissement pour le monde... faut-il en rajouter ?

En classe de CM1-CM2, 80 % des enfants jouent à des jeux vidéo réservés aux plus de 12 ans, mais aussi *GTA*, *Call of Duty*, réservés aux plus de 16 et 18 ans : rappelons que ces jeux les confrontent à des scènes de pornographie, violence, meurtres, tortures, usage de stupéfiants... sources de traumatismes et d'identification malsaine. Les mesures de confinement ont fait exploser les usages en ligne des jeux vidéo. Les éditeurs se frottent les mains. Car le secteur mondial des jeux vidéo pèse 120 milliards de dollars par an. Être attentif, en tant qu'adulte majeur, aux conditions de développement et d'enrichissement personnel de chaque adolescent-adulte en devenir est bien une grande responsabilité. ■

**Marie-Claude Bossière est pédopsychiatre ; Catherine Vidal est psychologue à l'Éducation nationale.*

Tribune publiée dans FigaroVox *le 12 février 2021.*

Tabou ou impensé de notre époque, le cannabis fait des ravages chez les jeunes. Ses effets sur la concentration et le QI sont dramatiques. Un addictologue sonne l'alarme.

Cannabis : « La prévention passe par l'école »

*Par Jean-Pierre Pujol**

Ne nous voilons pas la face : le cannabis a envahi nos collèges et nos lycées et constitue un problème de santé publique. Ce fléau concerne de plus en plus d'élèves jeunes, pour qui cela représente une première expérience de la drogue. On compte en effet 300 000 enfants de 12 à 15 ans ayant déjà consommé du cannabis. Contrairement aux allégations de certains milieux, qui tentent de banaliser son usage, le cannabis n'est pas une « drogue douce ». Il s'agit d'une « drogue dure » qui provoque une addiction forte, aggravée par l'association au tabac et à l'alcool, et menant très souvent à « l'escalade » vers d'autres drogues encore plus néfastes (cocaïne, héroïne).

Son mécanisme d'action est maintenant bien connu. Pour faire court, le THC (tétrahydrocannabinol), la substance active, est particulièrement soluble dans les lipides et franchit aisément la barrière hématoencéphalique (qui sépare le torrent circulatoire du cerveau) et s'accumule dans le cerveau, sa cible principale. Il persiste très longtemps dans cet organe : le THC d'un seul joint demeure plus d'une semaine dans le cerveau, aucune autre drogue n'ayant une telle persistance. Son élimination dans les urines s'étire sur environ huit semaines. Après la consommation de plusieurs joints, l'accumulation s'attarde pendant au moins deux mois.

Au niveau du cerveau, il provoque de nombreux troubles mentaux : per-

Il faut mettre en place, et ce depuis les petites classes, un enseignement sur les effets provoqués par les drogues et les dangers auxquels l'on s'expose en consommant.

turbation de la mémoire, défocalisation de l'attention, ataxie, incoordination motrice, désinhibition pouvant conduire à des prises de risque, induction de réflexes agressifs contre soi-même ou contre autrui, potentialisation des effets ébriants ou hallucinogènes, troubles psychiatriques (schizophrénie), anxiété et dépression… Les enseignants nous disent que les élèves qui fument du cannabis présentent des difficultés pour suivre les cours, ont des troubles de la compréhension et de la mémorisation. Une étude a montré que l'usage du cannabis entraînait chez eux une baisse de plusieurs points de quotient intellectuel. Beaucoup accumulent des retards dans leur scolarisation et compromettent définitivement leur avenir. Cette situation s'accompagne aussi de problèmes familiaux dramatiques, chez des parents impuissants à juguler ce fléau.

Face à ce grave problème, nos pouvoirs publics ont le devoir de mettre enfin en place un programme de prévention qui passe, à n'en pas douter, par l'école. Une information sur les drogues, en particulier sur le cannabis, qui constitue généralement la première expérience, est absolument indispensable, et ceci dès l'école primaire. Entendons-nous bien, il n'est pas question de « faire la morale » aux jeunes élèves, ce qui serait contre-productif. Il s'agit d'expliquer, en termes simples, quels sont les méfaits de la consommation de cannabis sur leur santé et les dangers auxquels ils s'exposent.

Notre ministre de l'Éducation pourrait s'inspirer du système suédois, installé depuis plusieurs années et qui a porté ses fruits. Il faut mettre en place, et ce depuis les petites classes, un enseignement sur les effets provoqués par les drogues et les dangers auxquels l'on s'expose en consommant. Pour cela, l'éducation devra former des enseignants dans ce domaine, en s'appuyant sur l'expérience d'addictologues qualifiés et de bénévoles d'associations spécialisées dans la lutte contre la toxicomanie. Il est nécessaire d'instaurer un dialogue permanent avec les parents d'élèves, d'obtenir leur soutien dans cette action, pour que ces derniers détectent les prémices d'une addiction chez leurs enfants. Enfin, il faudrait nommer un « M. Drogue » dans chaque région, capable de diffuser les principes de la politique définie par les pouvoirs publics et de coordonner l'action locale au niveau des communes et des établissements scolaires. ■

** Jean-Pierre Pujol est professeur honoraire de biochimie à l'université de Caen et membre du CNPERT (Centre national de prévention, études et recherches sur les toxicomanies).*

Article paru dans FigaroVox, *le 16 octobre 2020.*

Les défis malsains pouvant parfois entraîner la mort pullulent sur TikTok, Snapchat, YouTube et Instagram.

Comment le phénomène des « jeux dangereux » se propage sur les réseaux sociaux

*Par Margaux d'Adhémar**

Le 1er avril dernier, Grégoire (1) est mort dans sa chambre, pendant le premier confinement. Il venait d'avoir 13 ans. Il a été retrouvé pendu à son lit, alors qu'il jouait au « jeu du foulard ». « *Il pensait que rien ne pouvait lui arriver* », raconte au *Figaro* sa mère, Véronique (1). Dévastée, elle se plonge dans la littérature sur le suicide des adolescents. « *Mais ça ne collait pas* », se remémore-t-elle aujourd'hui. « *Puis ses copains m'ont dit qu'ils avaient vu une vidéo sur YouTube, un challenge qui s'appelait le "défi du pendu"* ». Véronique ne pensait pas que Grégoire puisse lui cacher quelque chose. « *J'avais la prétention d'être une maman informée et attentive. J'ai trois enfants et il n'y a pas de tabous entre nous, je leur parle de tout : la drogue, le harcèlement scolaire, la sexualité... On pense toujours que ça n'arrive qu'aux autres, mais avec les réseaux, personne n'est à l'abri.* »

Ce type de drame traverse les frontières. Le 22 janvier dernier, une fillette italienne âgée de 10 ans, Antonella, est retrouvée morte dans la salle de bains familiale, asphyxiée par une ceinture qu'elle s'était accrochée autour du cou. Elle participait à un « blackout challenge » en direct sur TikTok, réseau sur lequel, impuissants, plusieurs utilisateurs ont assisté à sa mort.

Jeu du foulard, jeu du sac, jeu de la tomate, « Rêve indien », « Blue Whale Challenge », « Ice and Salt Challenge »,

« Shell On Challenge »… Qu'il s'agisse de bloquer sa respiration le plus longtemps possible, de se brûler le bras sur une plaque à induction, de verser de l'alcool sur les yeux ou encore d'avaler de la lessive, toutes sortes de jeux dangereux où les adolescents se mettent en scène pullulent sur TikTok, Snapchat, YouTube et Instagram. Les défis existent depuis longtemps dans les cours de récréation, sous la forme du célèbre « cap ou pas cap ? ». Mais ils ont pris une tout autre dimension sur les réseaux sociaux, et l'augmentation du temps passé sur les écrans depuis le début de la crise sanitaire n'arrange rien.

« Avec les confinements successifs, les jeunes ont été toujours plus exposés aux violences liées à l'univers numérique », établit une étude publiée le 27 janvier 2021 par l'association e-Enfance, qui s'occupe de la protection des mineurs sur internet. L'association a en effet constaté une hausse de 57 % des cyberviolences en ligne par rapport à 2019, ainsi qu'une nette augmentation, parmi les victimes, des 15-17 ans. *« Quand on évoque les cyberviolences, on pense avant tout au cyberharcèlement ou au "revenge porn", et on oublie que les jeux dangereux en font partie »*, souligne le responsable de la ligne Net Écoute d'e-Enfance, Romain Chibout.

« Lorsque nous avons vu ces jeux dangereux se propager sur les réseaux sociaux, nous nous sommes demandé s'il n'existait pas une responsabilité de ces plateformes à les laisser diffuser », confie au *Figaro* la directrice d'e-Enfance, Justine Atlan. *« Si on fait le rapprochement entre ces vidéos et l'incitation au suicide, ces images sont des modes d'emploi pour se suicider. Or, si nous considérons que ces jeux-là sont des formes d'incitation au suicide, alors ils n'ont rien à faire sur ces plateformes »*, poursuit-elle, citant le travail du Digital Services Act, qui vise à responsabiliser davantage les plateformes.

L'association e-Enfance a constaté une hausse de 57 % des cyberviolences en ligne par rapport à 2019, ainsi qu'une nette augmentation, parmi les victimes, des 15-17 ans.

Mais pour Véronique, la mère de Grégoire, assimiler ces pratiques dangereuses au suicide serait *« nier le fléau des jeux dangereux »* : *« Il faut redonner la véritable qualification aux faits. Il s'agit d'une incitation à la mise en danger, pas au suicide, et la prévention des jeux dangereux n'a rien à voir avec la prévention des suicides, ce ne sont pas les mêmes signaux »*, insiste la mère de famille. *« À partir du moment où ces jeux sont assimilés au suicide et qu'ils ne sont pas étudiés statistiquement, le problème reste invisible. »*

Si le phénomène est déjà largement répandu à l'école, sa propagation sur les réseaux favorise la surenchère et la valorisation narcissique : *« Être encouragé par une communauté anonyme via les réseaux donne aux adolescents le sentiment d'exister, de devenir célèbre, ils se sen-*

tent valorisés. Cette masse d'inconnus est beaucoup plus puissante au niveau affectif, puisque les jeunes n'attendent pas d'elle un regard bienveillant, attendu vis-à-vis des parents », explique au *Figaro* Grégory Michel, professeur de psychopathologie clinique et spécialiste des jeux dangereux sur les réseaux sociaux.

« *Ces jeux dangereux peuvent sembler aux jeunes être un moyen de mesurer leur performance* », poursuit Grégory Michel. C'est probablement ce que voulait faire Alexis (1), 11 ans, lorsqu'il s'est aspergé d'alcool, que son cousin a approché de lui la flamme d'un briquet, et qu'il s'est jeté dans l'eau de sa piscine alors que son cousin le filmait pour « *battre le record sur YouTube* ». « *Les filles, elles, se tournent davantage vers des défis liés au corps* », souligne Grégory Michel : sur TikTok, le « A4 Challenge », où il s'agit de cacher sa taille derrière une feuille A4 pour prouver sa minceur, mais aussi le « Kylie Jenner Challenge », consistant à se gonfler les lèvres avec un verre à eau, sont largement diffusés.

« Ces jeux dangereux peuvent sembler aux jeunes être un moyen de mesurer leur performance »
GRÉGORY MICHEL

INCITATION AU SUICIDE

Si certains jeunes voient dans ces défis la possibilité de mesurer une performance, d'autres y voient une façon de « *montrer leur endurance face à la douleur* ». C'est le cas de Thibault (1), qui, avec ses amis, a tenté de tenir le plus longtemps possible en se brûlant avec un briquet et un liquide qui, pandémie oblige, se trouve dans tous les cartables : le gel hydroalcoolique. « *Je ne connaissais pas ce jeu. C'est mon fils qui m'en a parlé en me montrant lui-même la vidéo qu'ils avaient faite avec son copain. Puis il m'a montré ses brûlures sur ses mains. J'étais très en colère* », témoigne la mère de Thibault auprès du *Figaro*. Parmi ces jeux dangereux, il y a surtout le jeu du foulard, qui a provoqué plusieurs morts par asphyxie. Ce fut le cas de Tom, en 2018. Il allait bientôt avoir 12 ans et c'était le dernier jour de cours avant les vacances de février. Lui et sa famille prévoyaient de s'envoler le lendemain pour le Futuroscope. « *Il ne parlait que de ça* », se rappelle sa mère, Stéphanie. Tom se préparait aussi à disputer le championnat de karaté de Normandie. « *C'était un vendredi soir. Avec mon mari nous sommes rentrés du travail. Tom ne répondait pas. On est montés dans sa chambre, et c'est là qu'on l'a vu, accroché à sa porte à sa ceinture de karaté* », raconte au *Figaro* Stéphanie. Ses parents ont tout de suite écarté la piste du suicide, car « *c'était un enfant gai et très épanoui* ». Quelques jours après le drame, la famille découvre que Tom avait consulté plusieurs sites internet évoquant le jeu du foulard, qu'il partageait avec ses amis. « *C'était simplement un jeu, et, comme dans les jeux vidéo, Tom ne pensait pas qu'il pouvait y avoir de telles conséquences* ».

Comme le jeu du foulard, le « Blue Whale Challenge » (défi de la baleine bleue) est aussi très célèbre sur les réseaux, à la différence que ce dernier constitue un conditionnement au suicide et qu'il attire des jeunes « *qui ont une faible estime d'eux-mêmes et ressentent déjà un mal-être psychologique* », explique le psychologue Grégory Michel. « *Via ces défis en ligne, ils entrent dans une logique où ils doivent prouver leur légitimité à exister, et deviennent dépendants du regard de l'autre. Se filmer constitue pour eux une preuve et la vidéo s'assimile à un trophée. C'est comme une drogue pour eux : ils se shootent au nombre de visionnages, de likes et de commentaires* », poursuit le psychologue.

Le jeu consiste à relever 50 défis, un par jour, dont l'ultime challenge est le suicide. Tout doit être filmé ou photographié afin de prouver son « exploit ». Sur les réseaux, les jeunes du « Blue Whale Challenge » se reconnaissent grâce au hashtag « F57 », principalement relayé sur Instagram. Il fait référence au film « Blue Whale F57 » qui raconte ce qui s'est passé en Russie lors de la création de ce jeu dangereux. « *Le but est de banaliser la violence psychique et physique au fur et à mesure, via les scarifications et le visionnage de vidéos lugubres évoquant la mort. En 2017, il y a eu plusieurs centaines de suicides en Russie liés au "Blue Whale Challenge", et environ une dizaine en France depuis son apparition sur le territoire* », explique au *Figaro* Fabien Robert, secrétaire adjoint de l'association Apeas, qui lutte depuis 2002 contre les accidents dus aux jeux dangereux.

« Le but (de ces jeux dangereux) est de banaliser la violence psychique et physique au fur et à mesure, via les scarifications et le visionnage de vidéos lugubres évoquant la mort »

FABIEN ROBERT

En 2019, deux collégiens de Côte-d'Or qui participaient au « Blue Whale Challenge » ont été sauvés par l'association Apeas. L'un était arrivé au 37e défi et l'autre, au 38e. « *Ils avaient été hameçonnés via Snapchat. Ils devaient se lever à 4 h 20 pour regarder des vidéos sur le suicide et, s'ils ne le faisaient pas, leur interlocuteur menaçait d'aller tuer leur chien ou de kidnapper leur sœur à l'école. Ils étaient inquiets parce qu'ils avaient donné toutes leurs informations à cette "baleine" pour commencer le challenge. Heureusement, nous avons été alertés par leur professeur lors d'une intervention de prévention* », explique un délégué de l'association.

En France, d'après une enquête menée en 2007 par TNS Sofres, environ 84 % des enfants connaissent au moins un jeu dangereux. Pour le spécialiste Grégory Michel, ils seraient environ 20 % parmi les jeunes adolescents à avoir déjà succombé aux défis en ligne, et la plupart, âgé entre 10 et 14 ans, seraient de sexe masculin. ■

(1) Le prénom a été modifié.

**Article paru sur lefigaro.fr le 5 février 2021.*

De plus en plus souvent isolés dans leurs chambres, des jeunes garçons et filles tombent sous les griffes des maîtres chanteurs du net.

L'inquiétante explosion du harcèlement en ligne

*Par Stéphane Kovacs**

Chantages sexuels à la webcam, comptes « fisha » (se taper l'affiche, en verlan) ou « revenge porn » ? Ces sordides pratiques ne sont pas nouvelles, mais avec le désœuvrement lié au confinement, elles pullulent sur les réseaux sociaux. « *Malheureusement, quand les gens s'ennuient, ça les occupe beaucoup de nuire aux autres*, déplore Justine Atlan, directrice de l'association e-Enfance. *L'impact est d'autant plus fort sur la victime qu'elle est aujourd'hui isolée de ses amis.* »

Ces attaques numériques visent plus particulièrement les jeunes filles, même si les garçons ne sont pas épargnés. Elles ont déjà conduit à un suicide, celui d'une lycéenne de 16 ans, au Havre, qui s'est défenestrée le 1er avril, après que « *des photos ont circulé* », a précisé sa mère au site Actu76.

« *Cette période génère des risques encore plus importants pour les enfants et les adolescents surexposés aux écrans, souvent seuls sur leur smartphone, isolés dans leur chambre* », alerte e-Enfance, qui gère la plateforme anonyme et gratuite d'aide aux victimes de harcèlement Net Écoute. Un risque qui apparaît jusque dans le cadre des classes en ligne « *où les incidents et intrusions (propos haineux, diffusion de liens pornographiques) ne sont pas rares* ». Une attention particulière, réclame l'association, doit être portée aux plus jeunes, qui peuvent multiplier des comportements à risque (défis dangereux type « Blue Whale » ou « Momo Challenge », consultation de sites qui font la promotion de l'anorexie, partage d'idées suicidaires).

Intitulé « Internet : le péril jeune ? », et fondé sur une enquête réalisée en octobre 2019 par le cabinet Odoxa, un rapport de l'Institut Montaigne, publié le 30 avril 2020, relève que « *plus d'un jeune Français sur deux (56 %) a déjà été confronté, au moins une fois, à des cyberviolences, et plus d'un jeune sur trois à plusieurs reprises* ». Tandis que près d'un jeune sur quatre reconnaît avoir déjà participé à de tels actes malveillants. Mais, depuis le début du confinement, ces phénomènes explosent. Les appels reçus par le numéro vert de Net Écoute (1) ont fortement augmenté (près de 30 % de hausse) et les signalements aux plateformes ont doublé. « *Les victimes de chantages sexuels sont toujours plus nombreuses et plus jeunes !*, s'émeut Justine Atlan. *On constate en ce moment une explosion (+ 50%) des arnaques à la webcam, qui touche en majorité des garçons, des collégiens parfois d'à peine 14 ans. Parmi les plateformes qui font l'objet de nombreux signalements, il y a notamment Hangouts, Instagram ou Snapchat.* »

Une viralité qui inquiète le gouvernement. « *Notre but est que les plateformes mettent en place des modérations supplémentaires* » pour être dans « *une démarche de protection* », assure l'entourage de Marlène Schiappa. « *Avec Snapchat et le secrétariat d'État à l'Égalité entre les femmes et les hommes, nous travaillons à un programme d'assistance lié aux problématiques de cyberviolences, qui devrait être prêt la semaine prochaine* », annonce Justine Atlan.

« *Si tu m'envoies pas de "nudes"* (photos dénudées, NDLR), *je vais répandre des rumeurs sur toi.* » Voilà le type de messages que reçoivent des lycéennes, provenant de comptes cherchant à les « afficher » en ligne. Leurs créateurs demandent aux internautes de dénicher des contenus intimes pour constituer des « dossiers » sur les intéressées et les diffuser. Quitte à fabriquer des images ?

STOP FISHA À L'ÉCOUTE

Pour « *lutter contre ces comptes, qui peuvent détruire des vies* », Shanley, étudiante à l'université Paris-VIII, vient de créer, avec une vingtaine de militantes, le groupe Stop Fisha. « *On a vu des scènes de viols, d'agressions sexuelles*, raconte-t-elle. *En majorité, ce sont des garçons qui sont à la manœuvre. Ils n'ont plus la rue pour faire du mal, donc ils utilisent les réseaux sociaux* ». Le groupe Stop Fisha reçoit une trentaine de messages de victimes par jour. « *La plus jeune n'avait que 12 ans*, détaille Léa, autre étudiante membre du groupe. *On dirige les victimes vers une avocate et on signale les comptes* » auprès des plateformes ou de Net Écoute. Depuis le début du confinement, plus de 400 comptes « fisha » ont été supprimés à la demande de Net Écoute. À 90 % par Snapchat. Porter plainte ? « *Les jeunes filles sont envahies d'un sentiment de honte et n'osent en parler à leurs parents*, souligne Justine Atlan. *Souvent, elles ignorent que la diffusion de leurs photos sans leur consentement est un délit.* » Le « revenge porn » (mise en ligne, par un ex-partenaire, de scènes sexuelles), qui nourrit nombre de comptes « fisha », est passible de deux ans de prison et 60 000 euros d'amende. ■

(1) 0800 200 000 et netecoute.fr.

**Article paru dans* Le Figaro *le 30 avril 2020.*

À l'école, dès le primaire, ils sont désormais exposés aux images sexuelles violentes.

Enfants, pornographie et écrans : les parents face à leurs contradictions

*Par Agnès Leclair**

L'exposition à la pornographie gagne les cours d'écoles primaires. Un phénomène qui serait dû à l'équipement croissant en smartphones des enfants avant l'âge du collège, à l'accessibilité de ces images, voire à leur irruption intempestive sur la toile via des fenêtres pop-up. Depuis quelques années, les cris d'alarme sur les effets ravageurs des films X sur les adolescents se sont multipliés. Aujourd'hui, cette inquiétude s'étend aux plus jeunes, confrontés dès le primaire à des images pourtant interdites aux moins de 18 ans. Des vidéos pornos à l'âge des cartes Pokémon ?

Certes, tous les écoliers ne sont pas équipés du dernier iPhone et tous n'ont pas été confrontés à des images pornographiques mais, depuis environ un an, la psychologue clinicienne Anne Parachout, rattachée à la brigade locale de protection de la famille du commissariat de Boulogne-Billancourt (Hauts-de-Seine), indique être sollicitée « *deux à trois fois par mois* » pour des cas d'enfants âgés de 8 à 9 ans « *qui ont été exposés à des vidéos pornos et qui essayent de reproduire ce qu'ils ont vu sur leur fratrie* ». « *Je vois des enfants victimes de 4-5 ans qui ont subi des tentatives de viols de leurs frères,* poursuit-elle. *Dans mon métier, je vois les situations les plus graves. Ce ne sont pas les plus courantes mais lorsque je vais dans les collèges pour faire de la prévention, je me rends compte que la moitié voire les trois quarts des élèves de sixième ont déjà été confrontés à des images pornographiques.* » À l'origine de l'association Action Ismène, Anne Parachout estime que les actions de prévention devraient aujourd'hui être menées dès l'école primaire. « *Au collège, c'est aujourd'hui souvent déjà trop tard. C'est un sujet délicat pour les établissements mais il y a un début de prise de conscience* », commente-t-elle.

C'est à la suite d'un « incident » liée au porno en primaire que Marie-Alix Le Roy, une mère de famille lyonnaise, a décidé de lancer le groupe Facebook « Parents unis contre le smartphone avant 15 ans » en 2019. « *Un jour, de retour de l'école, ma fille de 8 ans m'a interrogé : "Maman, qu'est-ce que ça veut dire 'sucer le...' ?" Une petite fille de la classe avait demandé à un garçon de l'embrasser dans les toilettes et ce dernier, qui avait déjà vu du porno, lui a fait un chantage à la fellation. Je ne pense pas qu'il mesurait la portée de ses paroles. Mais à cet âge, les enfants sont dans le mimétisme et ils n'ont aucun recul sur ces images,* raconte-t-elle. *J'imaginais que le porno, ce n'était pas avant 14 ans. Mais il y a sans doute une forme de déni chez les parents. Ils se disent "pas dans notre école", "pas notre enfant", mais ils se trompent. Ils donnent un portable à leur enfant pour être rassurés mais en occultent les dangers.* »

« Il y a sans doute une forme de déni chez les parents : ils se disent "pas dans notre école", "pas notre enfant" mais ils se trompent »

MARIE-ALIX LE ROY

C'est à la maison, en surfant sur la tablette de sa sœur de 12 ans, que Théo (1), 10 ans, a pour sa part vu son premier « porno ». « *Il m'a appelé pour me demander ce que c'était. Il était très choqué,* rapporte sa mère, Hélène, une consultante en finance de 52 ans. *Depuis j'ai décidé d'ouvrir le dialogue sur ce sujet à la maison. Ma fille m'a raconté qu'elle était allée chercher ces vidéos parce que tous les garçons en parlaient dans sa classe. J'ai essayé de leur parler de ces images, de leur expliquer pour qu'ils aient une autre vision de la sexualité mais ce n'est pas un sujet facile. J'ai également décidé de laisser ma fille regarder la série* Sex Education, *car même si je n'étais pas enthousiaste, cela me semble mieux que rien.* »

Via son groupe Facebook, Marie-Alix Le Roy a discuté avec d'autres parents dont les jeunes enfants avaient dû être suivis par un psy car ils étaient « *hantés par ces images* ». Depuis quelques années, la psychologue Marion Haza reçoit des enfants dans cette situation, âgés de 6 ou 7 ans pour les plus jeunes, et qui présentaient des troubles divers comme des troubles du sommeil, de l'alimentation ou un désinvestissement à l'école. « *Quand ils tombent sur ces images sans les avoir cherchées, par effraction, elles peuvent créer un traumatisme. Ils n'arrivent pas à les comprendre et donc à les traiter psychiquement. Quand l'acte sexuel n'est pas présent dans leur imagination, ils l'interprètent comme un acte de violence. Cela peut aussi créer de la culpabilité et de la honte* », explique-t-elle. Il y a trois ans, un sondage Ifop commandé par l'Observatoire numérique de la parentalité (Open), et mené auprès d'adolescents, indiquait que la moitié des 15-17 ans avaient déjà surfé sur un site pornographique. Leur première visite, qu'elle soit volontaire ou non, se faisait en moyenne à 14 ans mais déjà à moins de 10 ans pour certains... « *Cette moyenne continue de rajeunir,* estime le président de l'Open, Thomas Rohmer, *mais c'est un phénomène difficile à quantifier car les mineurs ne peuvent être interrogés sans la présence de leurs parents.* » Aujourd'hui, l'Open alerte également sur le phénomène d'envoi par des inconnus d'images à caractère sexuel aux filles, même très jeunes, sur les réseaux sociaux : les « dick pics ». Simplement parce qu'elles sont des filles.

« *Au-delà des images, c'est très fréquent qu'il y ait des récits de scènes pornographiques entre enfants. Les filles, en primaire, sont souvent confrontées à des récits des garçons* », poursuit Anne de Labouret, auteur de *Parlez du porno à vos enfants avant qu'Internet ne le fasse* (Thierry Souccar Éditions). Et d'interpeller : « *Nous ne pouvons pas les laisser se débrouiller seuls avec des représentations de la sexualité qui sont loin de la réalité. Il faut leur apporter un contre discours.* » ■

(1) Le prénom a été modifié.

**Article paru dans* Le Figaro *le 11 février 2020.*

Le développement cérébral nécessite un maximum d'interactions « réelles », sinon l'insécurité émotionnelle s'installe.

Avoir des parents hyperconnectés, une perte de chance pour les enfants

*Par Nathalie Szapiro-Manoukian**

« Un parent est hyperconnecté dès lors que les écrans captent toute son attention dans des moments normalement dédiés à ses enfants. Pour les enfants, cette illusion de présence entraîne une insécurité émotionnelle et affective. Or ces émotions négatives entravent les ressources attentionnelles des enfants et leur capacité à être eux-mêmes disponibles pour les apprentissages », explique Jeanne Siaud-Facchin, psychologue clinicienne, directrice des centres Cogito'Z pour enfants en difficulté scolaire.

« Lorsque les parents sont hyperconnectés, la baisse des interactions intrafamiliales peut aller jusqu'à 80 % », insiste Michel Desmurget, docteur en neurosciences, directeur de recherche à l'Institut des sciences cognitives de Lyon et auteur de *La Fabrique du crétin digital* (Seuil). La quantité d'interactions chute. Leur qualité est aussi affectée : ces interactions sont plus robotiques. Il y a moins d'échanges de regards, de paroles et moins d'explications données à l'enfant. *« L'impact est particulièrement fort sur le niveau d'encouragement verbal ou non verbal : au lieu d'être poussé dans une nouvelle activité, l'enfant reçoit peu de soutien »*, note Michel Desmurget.

L'impact est aussi indirect car un écran allumé près d'un enfant qui joue le détourne de son jeu. Après y avoir jeté un regard, même furtif, il passe à un autre jeu. Le développement de ses capacités attentionnelles est alors perturbé. Après 3 ans, l'enfant arrête carrément de jouer et regarde avec ses parents, au risque d'être exposé à des contenus inadaptés pour lui. À long terme, la probabilité qu'il devienne lui-même un gros consommateur augmente.

Se servir des écrans pour apprendre, échanger avec ses enfants ? *« Devant un écran, plus de 90 % du temps est muet »*, rappelle Michel Desmurget. Il s'agit donc rarement de temps partagé ! *« L'idée qu'il faut vivre avec son temps ne tient pas compte du fait que notre cerveau fonctionne toujours à l'ancienne et que ce n'est pas parce qu'un enfant sait utiliser une tablette qu'il a un bon niveau en informatique »*, insiste le neuroscientifique.

Les études - très nombreuses - lui donnent raison : *« Sur un cerveau en construction, on observe un impact majeur des écrans récréatifs sur le langage, la concentration, la mémoire, l'attention et la réussite scolaire. L'intelligence humaine étant intimement liée à nos capacités langagières, de mémoire et de concentration, il y a vraiment de quoi s'inquiéter »*, alerte le chercheur.

LES EFFETS DÉLÉTÈRES DE L'HYPERCONNEXION

Chez l'adolescent, le cerveau n'en est pas à la même phase de construction. Ce sont les régions préfrontales, liées à la prise de décision, alors en pleine maturation, qui risquent d'en pâtir. *« C'est d'autant plus inquiétant que l'adolescent qui a conscience que son parent est absorbé par un écran se sent abandonné. De quoi générer colère, frustration : deux émotions favorisant le passage à l'acte »*, rappelle Jeanne Siaud-Facchin.

« Il y a vraiment urgence à prendre conscience du temps passé sur écran, conclut Michel Desmurget. *Les parents doivent savoir qu'aucune étude n'a jamais trouvé d'effet négatif à ne pas utiliser d'écrans récréatifs. À l'inverse, des centaines d'études ont montré les effets délétères de l'hyperconnexion. Durée, contenus et endroits où les écrans sont accessibles chez soi : il faut instaurer des règles… y compris pour les parents. »* ■

**Article paru dans*
Le Figaro *le 2 juillet 2020.*

DEPUIS 2014, LES ÉTUDIANTS DE CETTE ÉCOLE D'INGÉNIEURS DU HENAN (CHINE) LAISSENT LEUR PORTABLE DANS UNE POCHETTE NUMÉROTÉE LE TEMPS DU COURS.

En Chine, une loi récente prohibe aux enfants l'utilisation du téléphone portable dans la totalité des écoles du pays.

Les élèves chinois privés de téléphones portables à l'école

*Par Maud Kenigswald**

Des outils néfastes pour l'attention, la vue ou même pour les neurones : tel représente le constat du ministère de l'Éducation chinois quant aux appareils mobiles, qu'il a décidé d'interdire dans l'enceinte scolaire. Le mobile demeure proscrit simultanément dans les salles de classe et en cour de récréation.

Une privation qui touche également les enseignants, qui ont été défendus d'utiliser leurs propres appareils, afin de ne pas donner le mauvais exemple. Le texte paru sur le site du ministère précise qu'il s'agit de lutter contre l'addiction à internet des jeunes et améliorer « *leur développement physique et psychologique* ».

L'annonce du ministère divise la société chinoise. Si certains parents et associations s'inquiètent pour la dépendance au smartphone des dernières générations, d'autres jugent la mesure extrême, à l'ère digitale. Ces derniers préconisent préférablement de leur apprendre à mieux gérer leur rapport au numérique.

Un clivage à l'image de ce qui s'était produit en France en juillet 2018, lors de l'adoption d'une loi similaire, à la demande de Jean-Michel Blanquer. « *L'utilisation d'un téléphone mobile par un élève est interdite dans les écoles maternelles, les écoles élémentaires et les collèges* », énonce ce texte, qui n'a pourtant pas eu les retombées attendues. Le site du ministère de l'Éducation explique qu'« *il appartient à chaque établissement de déterminer des modalités pratiques pour assurer le respect de la loi* » : en France, est donc laissée au bon soin des conseils d'administration la liberté d'établir plus ou moins strictement les règles et les sanctions consécutives, ce qui provoque des disparités. ■

**Article paru sur lefigaro.fr/etudiant le 5 février 2021.*

LES ÉCRANS
la vie des enfants...

Des équipements omniprésents

Parmi ces équipements qu'utilise votre enfant, **lesquels sont à lui/ à elle ?** Chez les 11-14 ans

	Console de jeux	Smartphone	Tablette	Téléviseur	Ordinateur
Ensemble	**23** %	**21** %	**18** %	**10** %	**10** %
Foyers monoparentaux	**26** %	**26** %	**26** %	**11** %	**9** %

L'écrasante majorité des enfants est exposée

Parmi ces équipements, le(s)quel(s) utilise votre enfant ?

	0 à 2 ans	3 à 6 ans	7 à 10 ans	11 à 14 ans
Console de jeux	8 %	40 %	77 %	**83** %
Smartphone	9 %	25 %	33 %	**78** %
Tablette	12 %	54 %	**74** %	62 %
Téléviseur	NS	64 %	80 %	**81** %
Ordinateur	6 %	16 %	38 %	**65** %

Plusieurs heures par jours, et 7 jours sur 7

En moyenne, combien de temps votre enfant passe-t-il/elle sur ces écrans par jour ?
Enfants âgés de 0 à 14 ans

Semaine / Week-end (en %)

	Entre 0 et 2 heures (Semaine)	Entre 0 et 2 heures (Week-end)	Entre 2 et 4 heures (Semaine)	Entre 2 et 4 heures (Week-end)	Plus de 4 heures (Semaine)	Plus de 4 heures (Week-end)
Console de jeux	87	73	7	19	5	8
Smartphone	78	68	13	19	**10**	**13**
Tablette	**91**	**74**	6	12	3	4
Téléviseur	79	63	**15**	**27**	7	11
Ordinateur	84	80	11	14	5	7

27 % des enfants de 0 à 14 ans passent **entre 2 et 4 heures** par jour devant la télé le week-end.

Source : Médiamétrie 2020 – Observatoire de la parentalité et de l'éducation numérique – Unaf.

ENVAHISSENT
et celle des parents

Des parents pas franchement exemplaires...

Lorsque votre conjoint ou vous-même utilisez cet (ces) équipement(s), arrive-t-il que votre enfant soit dans la même pièce que vous ?

En % des réponses positives

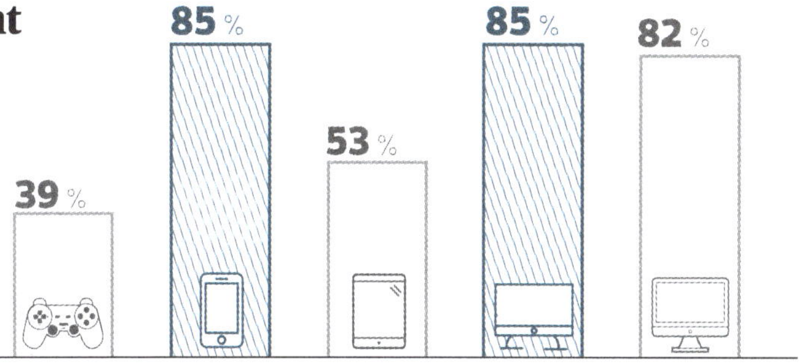

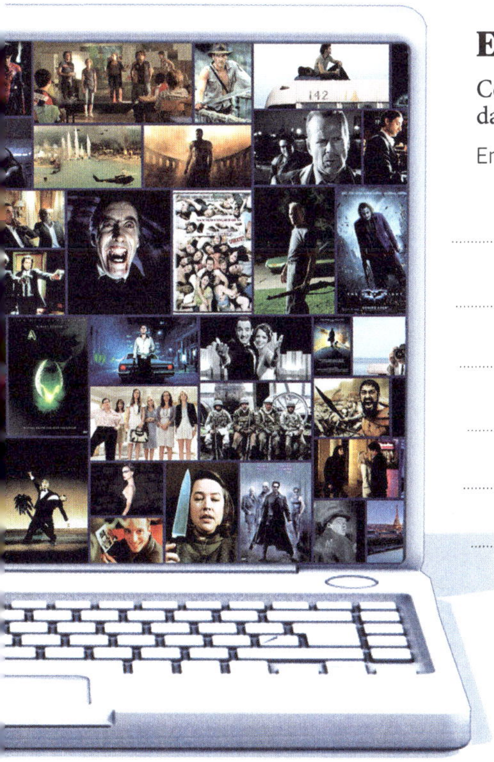

Et un peu déboussolés

Concernant vos craintes à l'égard de l'utilisation du numérique par les enfants, dans quelle mesure êtes-vous d'accord avec chacun des énoncés suivants ?

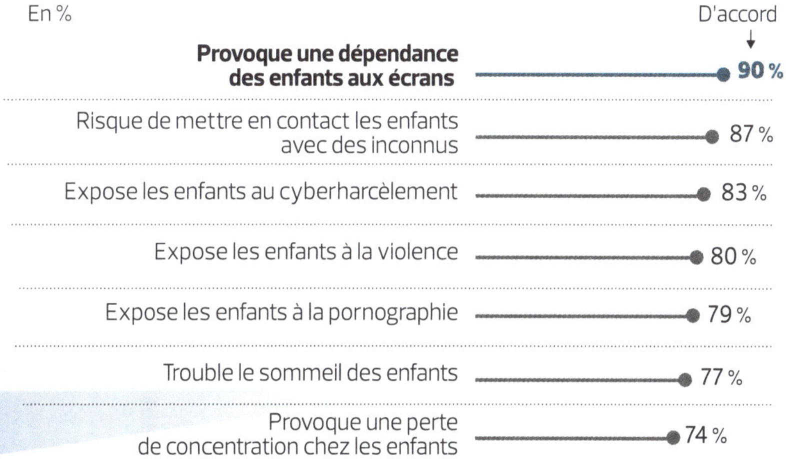

En moyenne, combien de temps passez-vous sur ces écrans par jour ? (adultes)

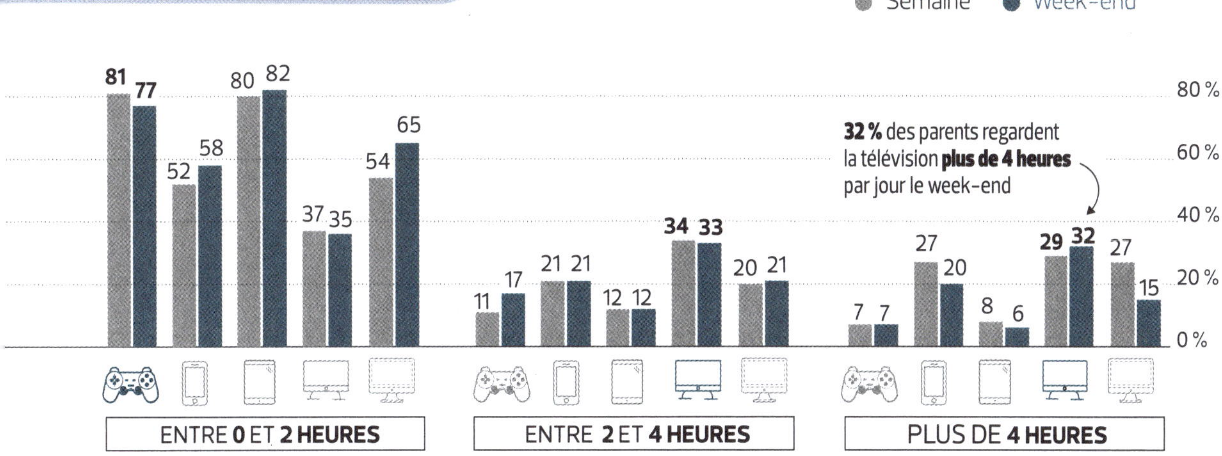

QU'EST-CE QU'UNE ENFANCE RÉUSSIE ? L'AVIS DES PSYS

La parentalité est une aventure. Les fruits d'une éducation mûrissent lentement, souvent par à-coups, et ne tombent jamais là où on les attend. Loin de donner une recette miracle, cette promenade parmi les conseils confirme combien l'éducation doit rester une science joyeusement inexacte.

Les conditions de la séparation mère-bébé lors de l'accouchement orientent les psychologues et les pédopsychiatres dans leurs thérapies d'enfants.

L'impact de la naissance sur le psychisme de l'enfant

*Par Pascale Senk**

C'est en cherchant à comprendre pourquoi Yaël, 3 ans et demi, se réveillait régulièrement la nuit en criant « *Je ne suis pas fatigué !* » que Myriam Ott Rabiet, psychologue clinicienne à Maisons-Alfort, a eu l'intuition de demander aux parents du petit garçon comment s'était déroulée sa naissance. Encore bouleversée par ce qui s'était passé, la maman raconta que son enfant, quelques minutes après la délivrance, avait dû être ranimé et placé sous assistance respiratoire un court instant. « *Rien de vraiment grave, mais j'ai ressenti à ce moment-là une peur panique insurmontable* », précisait la mère. Et, la consultation se poursuivant, elle avouait qu'elle-même s'était levée plusieurs fois chaque nuit le premier mois pour vérifier si Yaël respirait toujours. « *Nous en avons déduit que ce petit garçon ne se réveillait pas "pour rien" mais qu'il cherchait ainsi à rassurer sa mère pendant ces longues nuits* », poursuit Myriam Ott Rabiet. Une déduction qui orienta la prise en charge de l'enfant.

Problèmes d'endormissement, troubles alimentaires, terreurs inexpliquées sont quelques-uns des symptômes qui incitent ainsi la plupart des professionnels de la périnatalité et de la petite enfance à se faire préciser les conditions de l'accouchement pour y trouver une formidable source d'interprétation. « *Mais même trente ans après, ce peut être une piste à explorer,* estime Lise Bartoli, psychologue clinicienne et hypnothérapeute. *Des adultes qui souffrent de syndrome d'abandon et surtout d'un grand manque de confiance en eux-mêmes ont intérêt à revisiter ces premières heures de leur vie et les conditions dans lesquelles ils ont été accueillis.* »

« Accueillis. » Le mot est lâché. S'il est un terme essentiel pour comprendre ce qui peut différencier la mise au monde du petit humain de celle réservée aux autres mammifères, c'est bien celui-ci. Un accueil qui ne doit pas se limiter à la compétence technique et médicale, mais qui prend en compte la dimension psychique de l'événement à la fois pour la mère, le père et l'enfant.

Les psychanalystes, notamment, et Françoise Dolto en particulier, ont insisté sur l'importance de considérer le tout juste né comme un véritable sujet. Ainsi, elle recommandait aux soignants d'être particulièrement attentifs aux paroles prononcées pendant l'accouchement, car ces conversations donneraient la « bande-son » primordiale que l'enfant garderait inconsciemment en mémoire toute sa vie. « *Les paroles qui ont été dites s'écrivent comme des destins* », écrivait-elle dans *Naître... et ensuite ?* (Éditions Stock, 1982).

Les « *Attention, c'est un nerveux, celui-là !* » et autres jugements intempestifs peuvent aussi marquer la mère à tout jamais, car elle se trouve pendant le travail dans un état de réceptivité augmentée. « *Ce qui est déterminant, c'est que soit préservé et maintenu le fil de cet accordage si particulier entre la mère et son enfant,* explique Myriam Ott Rabiet. *Parfois, s'il y a naissance prématurée, séparation brutale avec l'enfant, dirigé sous couveuse par exemple, ce lien structurant risque d'être endommagé. Il faudra trouver d'autres moyens ensuite pour retisser et favoriser l'attachement : moments de corps-à-corps, d'échanges de regards, bains de paroles des parents à destination du nouveau-né sont ainsi favorisés dans les services de grands prématurés.* » Et la psychologue en est persuadée : « *On a toujours l'occasion de restaurer une relation qui a été perturbée.* »

« Les adultes qui souffrent de syndrome d'abandon ou de manque de confiance en eux-mêmes devraient revisiter leurs premières heures »

LISE BARTOLI

Dans le cas de Yaël, il s'est agi d'intervenir à plusieurs niveaux : des jeux ont servi de médiateurs à Myriam Ott Rabiet pour aider l'enfant à libérer ces émotions ; des séances de dialogue avec ses parents ont permis à ceux-ci d'exprimer ce qu'ils avaient enduré à la naissance de leur fils ; celles-ci ont été accompagnées de consignes éducatives car « *leur implication en ce sens est alors déterminante* », affirme la psychologue.

ODYSSÉE VIRTUELLE

Lise Bartoli, elle, travaille à un niveau plus symbolique, ainsi qu'elle l'explique dans son livre *L'art d'apaiser son enfant* (Éditions Payot). Le recours à l'hypnose pendant les séances avec ses patients lui permet de défaire ces représentations « engrammées » depuis leur naissance. « *Je peux proposer au patient, et quel que soit son âge, de se visualiser dans une grotte, un endroit chaud et convivial. Peu à peu, je l'accompagne avec ma voix dans ce voyage. Il doit se représenter en marche vers la lumière, sortant de cette grotte.* » Parfois, au cours de cette odyssée virtuelle, Lise Bartoli encourage le patient à rencontrer son père ou sa mère et à entamer un dialogue avec eux. Une manière de régler les non-dits ou les sentiments refoulés depuis les premières heures de leur existence ? « *Comme nous travaillons à un niveau très profond, celui de l'inconscient, ces séances ont un réel impact dans la vie de ceux qui s'y sont prêtés. C'est comme s'ils avaient pu rejouer leur naissance* », assure la thérapeute. ■

**Article paru sur lefigaro.fr le 9 janvier 2011.*

FLORENCE MILLOT EST AUTEUR D'UNE VINGTAINE D'OUVRAGES SUR LE «PARENTING» ET PSYCHOLOGUE DE TERRAIN. ELLE A TRAVAILLÉ DOUZE ANS DANS DES CRÈCHES.

Peut-on tout dire aux plus jeunes ?

Comment parler aux petits ? Quels mots pour évoquer la mort d'un proche ? Florence Millot, psychologue, propose un lexique intéressant et nuancé pour apprivoiser et éveiller la nouvelle génération.

*Propos recueillis par Alice Develey**

LE FIGARO. - Est-il utile de parler aux bébés avec une voix enfantine ?
Florence MILLOT. - Oui, de leur naissance à leurs 8 mois, les bébés ont besoin qu'on leur parle avec une voix enfantine. C'est utile. Au-delà, cela n'est pas nécessaire. Lorsque la voix change d'intonations, l'enfant comprend tout de suite que l'on s'adresse à lui. Si, par exemple, le bébé se trouve à côté de nous et que l'on

s'adresse à un conjoint ou un ami, l'enfant entendra une certaine mélodie. Mais lorsqu'on monte d'une octave, notre voix devient chantante et l'enfant sait que c'est à lui que l'on parle. Souvent, alors, le bébé sourit, écoute et ses yeux s'ouvrent. Quelque chose se passe. Après, lorsque l'enfant a autour de 2 ans et qu'il est capable de s'affirmer, il est préférable de lui parler normalement. Il faut faire attention à cela, car à chaque fois que l'on utilise une voix infantile, on le traite comme un bébé. Or, l'enfant a envie de grandir. Tout le monde souhaite que les bébés restent bébés. Mais en agissant ainsi, en restant dans les gazouillis, on infantilise l'enfant et il risque alors d'être en retard...

Est-il important de parler au bébé ?

Parler est important, mais il faut que le parent fasse des phrases qui ont du sens. Dire « table » en montrant une table, n'est pas suffisant. Quand l'enfant n'a pas accès au langage, il a accès à l'intention et à l'émotion du parent ou de l'adulte et de ce qu'il se passe dans son corps. Le parent peut décrire ce qu'il se passe autour de lui, lui dire ce qu'il a fait de sa journée, ce qu'il ressent... L'interaction est importante. L'idée est de le regarder dans les yeux pour lui montrer qu'on lui parle. Quand on va gazouiller, on peut attendre que l'enfant réponde. Ce sont les premiers « langages » où on peut « parler » à tour de rôle. Les enfants parlent en général vers 2 ans, mais évidemment cela varie. Très souvent dans la joie des premiers mots, les parents ont tendance à entendre des choses, comme « papa » en premier, mais souvent personne n'entend rien.

Est-il utile de lire des livres aux enfants dès leur plus jeune âge ?

Il est très important de lire à un bébé ! Même s'il ne retient pas l'histoire, les mots vont se graver dans son inconscient. Plus on va parler à un enfant, avec une grammaire correcte et lui lire des histoires, plus il va entendre la mélodie du langage. Il pourra alors parler de mieux en mieux. À mon sens, il n'est absolument pas utile de tout simplifier. Dire par exemple « le camion fait pouêt pouêt », ça n'est vraiment pas une bonne idée ! Il faut lire des jolis livres.

Pensez-vous les livres trop simplistes aujourd'hui ?

On a trop tendance à faire lire des histoires simples aux enfants, mais ce n'est pas du tout ce qu'ils préfèrent. Ils aiment l'action, avoir peur, que les mots soient rigolos... Les livres anciens avaient ces notions-là. Aujourd'hui, les livres jeunesse perdent un peu de cela. On est beaucoup plus dans la pédagogie : « une tomate est rouge », « un arbre est vert »... On pense qu'aller vers la simplification va aider l'enfant à mieux comprendre le monde. Or, c'est tout le contraire. C'est à cet âge-là que les enfants repèrent beaucoup de choses. Ils ont une vraie intelligence. Il ne faut pas la nier !

Ce qui est dommage, c'est qu'un enfant de 4 ans peut tout entendre. Ainsi, tout simplifier à cet âge-là est regrettable. Il faut montrer à l'enfant la richesse des mots et lui donner accès à la subtilité du langage. Même si le parent ne s'y connaît pas vraiment en matière de livres, il peut lire. Souvent, les parents soufflent devant les livres simplistes, sans imagination. Ils n'ont aucun plaisir et ça, ça se communique ! Il faut retrouver le plaisir de la lecture, donner le goût à l'enfant de lire des livres à deux niveaux, avec une poésie. Donner des livres intéressant à l'enfant, c'est ouvrir des portes dans son cerveau. Plus on inculque le plaisir de la lecture tôt, plus le petit peut être vif et curieux.

Le langage de l'image est-il tout aussi important ?
Oui, mais pour les plus grands enfants. Autour de 6 ans, comme il a accès à la lecture, c'est le moment de lui proposer des histoires où il n'a pas besoin d'images pour en créer dans sa tête. S'il y en a trop, l'enfant ne regardera que ça et il ne comprendra rien au texte. Il faut un juste équilibre. Si un enfant a des problèmes d'apprentissage de la lecture, il faut lui dire de lire une phrase, de la décrypter et seulement après cela, il faut lui demander de trouver une image dans sa tête. C'est ça le vrai apprentissage de la lecture. Sans cela, un enfant ne comprend rien à ce qu'il lit. Il apprend par cœur un texte sans comprendre ce qu'il a sous les yeux.

Y a-t-il des mots à éviter devant un enfant ?
On ne sera pas tous d'accord sur ce sujet ! Je pense que l'on peut toujours rappeler la règle « il ne faut pas dire de gros mots ». Toutefois, dans les faits, l'enfant entend tous les jours des gros mots, à l'école ou en famille. On peut rester naturel mais il ne faut pas avoir dans l'idée que parce que c'est un enfant, il faut prendre le temps de tout lui expliquer sur tout. Il faut qu'il choisisse ses sujets plutôt que le parent l'oblige à parler des attentats, des problèmes climatiques…

Est-ce une bonne idée alors de lui parler de ces thématiques ?
L'enfant doit rester dans une bulle de rêves d'enfant. C'est par la suite, progressivement, qu'il apprendra à s'occuper des choses qui le dépassent. Si on veut lui en parler c'est possible, mais il faut en parler en positif. Le réchauffement climatique par exemple. On peut dire : « En ce moment, il faut que chacun fasse un effort pour la planète. Quel geste peut-on faire aujourd'hui dans la maison ? » Il faut que le geste soit à la portée, à la hauteur de l'enfant. C'est déjà assez compliqué pour nous d'agir au quotidien, donc pourquoi ne pas proposer de fermer l'eau du robinet quand on se brosse les dents, etc. ? Il faut proposer des petites choses que l'enfant puisse intégrer.

Qu'en est-il de la mort d'un parent ?
Il n'est pas question ici d'échelle mondiale. La mort d'un parent touche directement l'enfant. Surtout si la disparition de Mamie rend Maman triste. Il est important d'appeler un chat un chat et de dire : « Mamie est morte. » Car l'enfant va de toute façon entendre ces mots. Par contre, tout de suite après, il faut se mettre à sa hauteur et donner des images mentales qu'il peut intégrer. « Mamie est morte. Qu'est-ce que ça veut dire ? On ne pourra plus la revoir. Elle est partie quelque part où on ne peut pas la voir. À ton avis, elle est partie où ? Comment tu penses que tu pourrais être encore en lien avec elle ? » Là, on laisse l'enfant s'exprimer sur son monde intérieur à lui. Ça peut être un jardin, un nuage, une cabane… Il faut qu'il crée une image apaisante pour retrouver le souvenir de Mamie. Quand il y a quelque chose de difficile à vivre, c'est l'enfant qui doit avoir sa propre représentation de la chose. Ce n'est pas à nous de lui plaquer une image. Ensuite, on peut demander à l'enfant de faire quelque chose pour Mamie. Faire des dessins, faire un album photo… Sans trop exagérer. Plus l'enfant parle, plus il est capable d'accepter la chose. On a trop tendance à être dans le réalisme avec les enfants et leur dire les choses vraies et crues. ■

**Article paru sur lefigaro.fr le 13 octobre 2019.*

Même si vous n'étiez pas doué à l'école, votre enfant peut l'être. À condition de disposer d'un environnement stimulant.

Non, l'ADN ne détermine pas le destin des enfants

*Par Madeleine Meteyer**

Le débat entre hérédité et environnement, inné et acquis, nature et culture, semblait tranché : l'individu est le fruit de leur jonction, pensait-on. Jusqu'à ce que des études portant sur des paires de jumeaux rallument la machine. Robert Plomin est l'un de ceux l'ayant remise en branle. C'est ce généticien américain dont se réclame le chirurgien urologue Laurent Alexandre lorsqu'il enjoint dans *L'Express* aux « *femmes douées* » - celles qui ont fait de longues études - d'avoir plus d'enfants et lorsqu'il prévient, dans *Le Point* : « *La seule façon de diminuer les inégalités sociales est de diminuer les inégalités intellectuelles* », ou encore lorsqu'il annonce « *la guerre des cerveaux* » dans les colonnes du *Monde*.

En 2018, Robert Plomin a publié *Blueprint : How DNA Makes Us Who We Are* - la traduction française arrive -, un livre dans lequel il rend les conclusions de ses recherches : l'ADN prévaut systématiquement, l'école compte mais ne fait pas la différence, une éducation raffinée ne stimulera pas celui dont le génome n'est pas encourageant, 50 % de ce que nous sommes provient des gènes, le reste d'évènements causés par le hasard, l'héritabilité compte à 60 % dans les résultats scolaires...

Le ton de ce compte rendu est enthousiaste. Pour Robert Plomin, il s'agit là d'une nouvelle formidable.

Terminée, la culpabilité des parents ! Balayée, la charge insoutenable déposée sur les épaules des professeurs ! Puisqu'on vous dit que tout est dans les gènes ! Puisqu'on vous dit que votre influence, si elle n'est pas nulle, est marginale ! Jetons aux oubliettes cette éducation uniforme imposée à tous les élèves quelle que soit leur nature : l'étude du génome devrait permettre de savoir en quoi un élève excellera, là où il risque d'échouer. Aussi le généticien plaide-t-il pour une étude du génome dès le plus jeune âge. Pour savoir quelles épreuves il contient (difficultés en lecture, tendance à l'alcoolisme) et pouvoir les contrer.

GÉNOME SOUS INFLUENCE

Le problème est que le constat déterministe de Robert Plomin est présenté comme s'il faisait consensus. Ce qui n'est pas le cas. Ses conclusions sont très critiquées. Pas parce qu'elles sont glaçantes - des parents sont-ils vraiment réconfortés par l'idée que leurs gènes seront les grands responsables du meilleur comme du pire ? - mais parce qu'elle s'affranchit d'un principe de base : l'ADN ne peut jamais s'étudier hors de son milieu. S'il y a ADN humain, il y a humain et donc milieu dans lequel évolue l'humain. Dès lors comment prétendre étudier un génome qui n'aurait jamais connu d'influence ? Cela n'existe tout bonnement pas. Le neurologue Hervé Chneiweiss, président du Comité d'éthique de l'Institut national de la santé et de la recherche médicale (Inserm), s'exaspère : *« Contrairement à ce que dit Robert Plomin, l'ADN ne fait pas de nous qui nous sommes. Vous n'avez pas de gène qui peut s'exprimer en dehors d'une cellule. Vous n'avez pas de cellule qui peut s'exprimer en dehors d'un individu. Le gène n'existe pas hors de son milieu. »* Robert Plomin avait voulu prouver, en étudiant des paires de jumeaux séparés à la naissance, que des traits génétiques demeuraient alors que les environnements différaient. Mais Hervé Chneiweiss balaie ses résultats : *« Il a cherché et retenu ce qui pouvait servir sa thèse. »*

L'intention de Robert Plomin était, il l'écrit à la page 122 de *Blueprint*, de trouver *« les différences d'ADN responsables de l'héritabilité des traits psychologiques »*, de prouver notamment que certains contiennent la schizophrénie ou l'intelligence. Et n'y parvenant pas, il aurait écarté les résultats n'allant pas dans ce sens. C'est aussi ce que dénonça le professeur de psychologie génétique Eric Turkheimer dans la revue scientifique *The Hastings Center Report* en juin 2019 : *« À une époque, Plomin était un modéré dans la lutte nature-culture. Il est un psychologue, sans doute le plus doué de sa génération, mais il n'a jamais été un généticien au sens biologique. Avec* Blueprint, *il a renoncé à la recherche de gènes individuels qui expliquent l'héritabilité. Il n'est pas prêt à voir les scores polygéniques* (la prédisposition génétique estimée d'un individu pour un trait donné, NDLR) *pour ce qu'ils sont : de bons vieux outils qui peuvent être utiles aux sciences sociales. Il voudrait qu'ils servent à prouver que le comportement de la génétique est une science réelle (et non sociale), et à assurer la victoire finale de la nature contre la culture. »*

En bref, Eric Turkheimer accuse Plomin de dissimuler ce qu'il sait : on ne peut dire d'un gène qu'il engendrera un comportement précis. Les travailleurs sociaux peuvent uniquement utiliser de ce qu'ils savent de l'héritage génétique d'un enfant pour guetter d'éventuels désordres mentaux (maladie de l'X fragile, certains autismes).

Le reste est de la science sociale, pas de la génétique, jette Turkheimer à la figure de Plomin.

Est-ce à dire que rien chez l'homme n'est purement génétique ? Qu'un enfant né de parents alcooliques, analphabètes et dépressifs, adopté à la naissance par des parents en bonne santé, érudits et heureux, qui lui consacrent des soins attentifs, ne portera aucun stigmate biologique ? Pas exactement. Hervé Chneiweiss ne nie pas les explications génétiques et moins encore les données épigénétiques. Mais lui se garde de fixer leur poids dans la balance - parce qu'il n'a aucune certitude - et affirme qu'elles ne sont pas figées. L'individu peut toujours les combattre. « *Même dans les maladies les plus génétiquement déterminées, il y a une variabilité liée à l'environnement,* explique-t-il. *Prenons l'exemple le plus intéressant qui soit : la maladie d'Alzheimer. Si dans vos gènes vous avez deux fois le variant de l'apolipoprotéine E epsilon 4, vous avez 10 fois plus de risque de l'avoir et beaucoup plus tôt que le reste de la population : vers 60 ans. Sauf que si vous avez un haut niveau d'études, si vous vous prémunissez des principales comorbidités comme l'hypertension, si vous évitez l'alcool, si vous faites du sport, vous annulez votre surrisque et n'aurez pas la maladie avant l'âge moyen où la population la contracte, c'est-à-dire 82 ans.* » L'environnement ne modifie pas les gènes mais en contrôle le niveau d'expression.

L'environnement ne modifie pas les gènes mais en contrôle le niveau d'expression

REPÉRER LES MALADIES HÉRÉDITAIRES

Pourrait-on connaître ce qu'on risque de rencontrer comme difficultés en étudiant notre génome ? Conscient qu'il va décevoir, Hervé Chneiweiss secoue la tête : « *son étude ne serait pas intéressante pour ça* ». Parce que les généticiens ne savent pas reconnaître, si tant est qu'il y en ait, les gènes responsables de l'alcoolisme, de l'analphabétisme, de la dépression, de l'intelligence, de l'obésité. Ceux-ci sont le résultat de l'influence conjuguée de centaines de variations génétiques dont les interactions et les effets dépendent de l'environnement - qui n'est pas seulement l'éducation - de l'individu. L'étude du génome, pour laquelle Hervé Chneiweiss milite par ailleurs, ne pourrait servir qu'à repérer les maladies héréditaires susceptibles d'entraîner une anomalie du système nerveux - visibles celles-là.

Alors, et malgré ce qu'affirment Laurent Alexandre et Robert Plomin (qui, contacté, a dit ne pas vouloir répondre aux critiques qui visent son ouvrage) : faites lire vos petits, emmenez-les au théâtre, à l'opéra, parlez-leur en latin, ça sert à quelque chose. ■

**Article paru sur lefigaro.fr le 1er octobre 2020.*

Jeanne Siaud-Facchin, psychologue engagée et « aimante », prône une méthode audacieuse nourrie aux neurosciences. Mercedes Erra, patronne emblématique de la publicité et mère de cinq enfants, offre un témoignage lumineux*.

Jeanne Siaud-Facchin et Mercedes Erra

« Pourquoi donne-t-on autant de poids au rôle des mères ? »

Propos recueillis par Dalila Kerchouche

MADAME FIGARO. - Vous venez de deux univers, le monde du business et celui du soin, qui se côtoient peu. Comment vous êtes-vous rencontrées ?

Mercedes ERRA. - Il y a quelques années, je cherchais à aider un de mes enfants, alors âgé de 10 ans. En sixième, il n'arrivait pas à suivre en classe, il était perdu. Je m'inquiétais non pour ses bulletins, mais pour son mal-être. Aucun des psychologues que j'avais consultés ne posait de diagnostic clair. J'errais de psy en psy. Entre eux, ils ne se parlaient jamais. À un énième thérapeute, mon fils, exaspéré, a lancé : « *Merci de prendre des notes, parce que j'en ai marre de me répéter.* » Je me sentais insécurisée et nerveuse. Une amie m'a alors donné le contact de Jeanne. Dès la première consultation, j'ai été frappée par son implication. À la différence des autres, cantonnés dans une extériorité élégante, Jeanne, tu te sentais concernée. Sans dramatiser, tu as fait passer une série de tests à mon fils pour comprendre son problème et trouver une solution. Grâce à ton pragmatisme et à ton engagement, on a pu avancer.

Jeanne SIAUD-FACCHIN. - Près de 80 % des consultations sont motivées par des problèmes à l'école. Bien plus que par l'alimentation ou le sommeil ! Les difficultés scolaires ne sont que la partie émergée de l'iceberg. Je me souviens de tes attentes,

Mercedes. Tu me testais pendant que je parlais à ton fils. J'ai trouvé cela très honnête. Nombre de parents s'inquiètent : « Le thérapeute sera-t-il à la hauteur ? » Et nombre de patients, adultes et enfants, me demandent en filigrane, comme le Petit Prince de Saint-Exupéry : « S'il te plaît, aide-moi à vivre. » Cette phrase, que j'ai mise en titre de mon dernier livre, exprime à la fois une grande souffrance et un espoir fou. Oui, un psy doit aider son patient à sortir de la survie pour entrer dans la vie. À tricoter un univers dans lequel il se sent bien. Chacun a sa trame intime qui, parfois, se déchire. C'est ma mission d'aider à la raccommoder, à la renforcer et à la magnifier, pour qu'elle soit solide et protectrice.

Vous questionnez l'une et l'autre le lien qui unit le psy et son patient. Pourquoi ?

M. E. - J'ai cinq enfants. Des psys, j'en ai vu un certain nombre. Leur distance me surprenait souvent. Je me souviens d'un psychanalyste qui recevait un de mes enfants pour un problème lié à l'écriture. Au bout d'un an, il dit à mon fils : « *Qu'as-tu à dire à tes parents ?* » Mon fils hausse les épaules : « *Ben, rien.* » Et le psy paraphrase : « *Il n'a rien à vous dire.* » Tout ça pour ça ? Dans mon métier de publicitaire, la neutralité signifie le non-engagement et l'absence de point de vue. Je comprends que le thérapeute se construise une carapace pour ne pas engranger toutes les souffrances qu'il capte. Mais moi, j'aime les gens qui s'engagent. Quand votre enfant est en souffrance, il n'y a aucun répit. Dès la première séance, Jeanne m'a donné son numéro pour que je l'appelle à n'importe quelle heure. Cela m'a rassurée. S'engager, c'est prendre un risque. Dans une science humaine comme la psychologie, c'est un passage obligé.

JEANNE SIAUD-FACCHIN *(À GAUCHE)*, ADEPTE DE LA « PSYCHOLOGIE DES RESSOURCES », EST CONVAINCUE QUE TOUS LES ENFANTS ONT DES FORCES ET DES TALENTS À DÉVELOPPER. À SES CÔTÉS, MERCEDES ERRA, PUBLICITAIRE ET MÈRE DE FAMILLE NOMBREUSE, DANS LES SALONS DE L'HÔTEL SAINT JAMES, À PARIS.

J. S.-F. - Ce que tu dis, Mercedes, fait écho à une immense solitude. On n'a jamais autant consulté de psys qu'aujourd'hui. Tous milieux confondus, les demandes ont augmenté de 30 % ces dernières années. Ces attentes alimentent des offres en tous genres, comme ces « feel-good books », qui véhiculent une injonction au bonheur et cristallisent beaucoup de peurs. Je milite pour que la psychologie redevienne rigoureuse, humaine, et repense le lien avec le patient. La notion de neutralité date du XIXe siècle. Ce concept, né avec la psychanalyse freudienne, est devenu une norme entre le thérapeute et son patient. Il n'a jamais été évalué, et donc jamais été remis en cause. La psychologie doit s'appuyer sur les avancées actuelles de la recherche et se rénover au regard des neurosciences affectives. Elles nous enseignent que ce qui guérit une personne en souffrance, c'est le lien, c'est l'amour. Il faut transformer cette neutralité en présence bienveillante. La nouvelle psychologie que je prône n'est pas une nouvelle école, mais une nouvelle façon d'être en lien.

Un psy n'est pas censé mettre de l'affect avec son patient…

J. S.-F. - Un jour, j'ai reçu des parents épuisés par leur fils hyperactif de 6 ans, qui sautait partout dans mon bureau. Je l'ai pris dans mes bras, et je l'ai bercé. La mère s'est effondrée en larmes en disant : « *Aucun psy n'avait parlé à mon fils comme à un être humain.* » Un psy doit pouvoir toucher son patient, le prendre dans ses bras au sens du « holding » popularisé par le psychanalyste anglais Donald Winnicott. Comme le psychiatre Boris Cyrulnik, je crois à un lien de chair et d'âme entre le psy et son patient.

Quand un enfant va mal, on culpabilise souvent les mères. Comment l'expliquez-vous ?

M. E. - Chaque fois que j'entre chez un psy, je me sens coupable. Les mères, on s'en prend plein la figure. Soit on travaille trop, soit on est trop présente. Cela m'agaçait d'être contrainte de chercher systématiquement dans mon passé les raisons de la souffrance de mon enfant. Comme si c'était la seule grille de lecture possible ! Pourquoi donne-t-on autant de poids au rôle des mères ? C'est un procès d'intention.

J. S.-F. - Au lieu d'aider les mères, on les désigne coupables. On ajoute de la souffrance à la souffrance. Certaines l'ont même intériorisé. L'une d'elles m'a dit : « *C'est de ma faute si mon enfant va mal.* » J'ai répondu : « *Je vous rassure, vous n'êtes pas toute-puissante, et moi non plus.* » Au lieu d'accabler les mères, on devrait renforcer les parents dans leurs compétences.

« Un psy doit aider son patient à sortir de la survie pour entrer dans la vie. À tricoter un univers dans lequel il se sent bien »

JEANNE SIAUD-FACCHIN

Vous regrettez que les psychothérapies classiques se tournent trop vers le passé. Mais comment espérer aller mieux sans soigner ces blessures de l'enfance qui polluent le présent ?

M. E. - Cela m'a toujours interpellée qu'à chaque séance on oblige mon enfant à reconstruire un passé qui ne l'aidait pas à avancer. Dans une clinique psychiatrique, en Allemagne, chacun devait décrire le fardeau qu'il portait. Mon fils a fait remarquer : « *Ce fardeau, il n'y a qu'à s'en débarrasser !* » Un jour, j'en ai parlé avec le chef Thierry Marx, qui travaille avec des détenus pour les réinsérer. Dès qu'on met une personne dans le registre du projet, m'a-t-il expliqué, on commence à la sauver. Au fond, on se nourrit tous d'espoir.

J. S.-F. - Le passé nous construit, bien sûr, mais il ne nous définit pas. En thérapie classique, on explore nos traumas de l'enfance. Les neurosciences nous donnent de nouvelles clés pour soigner ce que j'appelle ces « psychatrices ». Elles nous apprennent que plus on ressasse nos blessures, plus elles sont présentes à notre mémoire. On risque de s'enfermer dans un statut de victime. La psychologie actuelle doit s'extraire de cette archéologie systématique de la souffrance pour se tourner vers l'exploration des ressources du patient. Car notre cerveau est comme un muscle. Grâce à la plasticité neuronale, on peut l'entraîner à repérer et à activer ce qui, en nous, fonctionne bien. Au lieu de mettre toute son attention sur ce qui nous a détruits, on se concentre sur les forces qui nous ont permis de tenir le coup dans l'adversité. C'est-à-dire nos talents, nos qualités, nos compétences, nos fiertés, nos victoires. Plus on capitalisera un stock important de ressources, et plus on amortira les chocs de la vie. Dans la conception judéo-chrétienne, on parle de porter sa croix. Et si notre croix était aussi incrustée de pierres précieuses ?

Quels outils concrets utilisez-vous ?

J. S.-F. - Je trouve aberrant qu'un thérapeute demande à un enfant en difficulté : « Quel est ton problème ? » Je dis plutôt : « Dans quoi es-tu fort ? » Je prône une psychologie nouvelle, positive et intégrative, qui entend les souffrances, mais invite aussi à cultiver nos ressources. Quand on arrive chez le psy en disant : « Je suis épuisée » ou « Je suis au fond du trou », cela signifie que notre puits intérieur est vide. Il faut le réalimenter. Comment ? Par exemple, en ouvrant en soi ce que j'appelle une « boîte à soleils ». J'encourage mes patients à capturer chaque jour des sensations de joie, à les ressentir physiquement dans leur ventre et à les « engrammer » dans leur corps. Ce n'est pas du narcissisme, mais une façon d'amplifier nos points forts en nous. On a tous en soi une boîte à soleils à faire rayonner.

Quelle est votre propre boîte à soleils ?

M. E. - J'ai de la chance, j'ai une grande réserve de joie en moi. Dès que je me mets à agir, je vais mieux. Dans cette boîte à soleils, il y a mes fils. Ils me sont tous essentiels. Mon dernier, qui est un être intense, singulier, compliqué, y occupe une place particulière. Ce n'est pas facile pour lui d'avoir une maman pleine de ressources, mais j'ai confiance dans sa capacité à trouver son propre chemin de vie.

J. S.-F. - La mienne est pleine de gratitude pour mon mari, dont je partage la vie depuis trente ans. Et aussi pour mon métier, qui consiste à sortir mes patients des marécages dans lesquels ils sont englués. Je revendique de les aimer, chacun, pas de façon fusionnelle, bien sûr. Cet amour sincère, authentique, me donne l'énergie de me battre à leurs côtés et d'être là quand ils en ont besoin. Si je n'aime pas mon patient, comment peut-il s'aimer lui-même ? Je ne sais pas tout, je n'ai pas toutes les clés, mais je leur transmets une certitude : « Je ne vous lâcherai pas, je vous serrerai fort la main et on va chercher une solution ensemble. » Ne pas avoir peur d'ouvrir son cœur à celui qui souffre, c'est cela qui rend heureux. ■

** Jeanne Siaud-Facchin est auteur de «S'il te plaît, aide-moi à vivre», Éditions Odile Jacob, et fondatrice des centres Cogito'Z. Mercedes Erra est fondatrice de BETC et présidente exécutive de Havas Worldwide.*

Entretien paru dans Madame Figaro *le 13 janvier 2019.*

Comment être un fils quand la figure paternelle est fragilisée ? Que reste-t-il de permanent à transmettre ? Entretien avec le psychologue Jacques Arènes*.

Jacques Arènes
Pères et fils : comment transmettre sans écraser ?

Propos recueillis par Marie Huret

MADAME FIGARO. - Pourquoi y a-t-il, selon vous, « urgence culturelle » à redéfinir la masculinité et la paternité ?

Jacques ARÈNES. - Depuis la fin des structures serrées, hiérarchiques et inégalitaires du patriarcat, la figure paternelle est devenue plus floue. On associait l'autorité à la virilité, le lien charnel à la féminité. Or, aujourd'hui, d'autres visions doivent s'inventer. J'observe une difficulté nouvelle chez les pères à incarner une présence dense. Ce n'est pas parce que l'on fait du peau à peau avec son bébé - ce qui est très bien - que l'on est réellement attentif à ce qui se passe. Je vois beaucoup plus qu'avant des papas hyperéducateurs, qui quadrillent la journée de théories sur la tétée, le sommeil ou les écrans, puisées dans les manuels. Une manière de pallier leur angoisse. Ces hommes se mettent en rivalité avec leur compagne. Il m'arrive de leur citer le psychanalyste Donald Winnicott : *« Un enfant pousse comme une plante, n'en faites pas trop ! »*

Vous voyez aussi ces hommes à qui l'on demande d'être à la fois sensibles, protecteurs, mais pas machistes, et que vous sentez un peu « évaporés ».

Ils ont du mal à se situer dans la famille, dans le couple. Un clivage me frappe : j'ai reçu des hommes au statut professionnel extrêmement élevé incapables d'exister à la maison. De soutenir une relation vivante avec leurs enfants. Ils déploient une séduction passive, sont toujours au service, jamais « contenants ». Or, aucune autorité n'est possible sans présence et sans contenance. Le problème, c'est qu'ils se réfèrent à un modèle de masculinité : ne pas être comme leur père. Mais cela n'est pas un modèle ! Nous sommes d'accord, il faut sortir des représentations d'une masculinité toxique. Mais qu'est-ce qu'une masculinité non toxique ? Compliqué à définir… Les hommes doivent créer un modèle collaboratif. Les mères ont une longueur d'avance, neuf mois de grossesse, mais un père a des choses à dire parce qu'il arrive après et peut aider à prendre de la distance. Freud appelait « *narcissisme des petites différences* » ces écarts minimes entre sujets très proches engendrant néanmoins de fortes rivalités. Selon Freud, le père surpuissant n'est « efficace » qu'après avoir été contenu. Dans la paternité, il faut passer par ce moment de retrait, mais ce sacrifice n'est possible que si on a vraiment été là.

Si on ne parvient plus à couper le cordon, est-ce parce que le désir d'enfant a beaucoup changé ?

Les enfants d'aujourd'hui sont des enfants du désir, qui demandent à être toujours plus désirés et aimés, comme s'il fallait soutenir ce qui a présidé à leur naissance. Les enjeux narcissiques de la parentalité sont tels que l'enfant est maintenant une œuvre. Avec le risque de dérive d'un créateur qui ne veut pas lâcher sa création. Chez les femmes de 35 ou 40 ans, quand tourne l'horloge biologique, le désir d'enfant s'exprime de manière marquée et « décantée » d'un partenaire. Alors que chez les hommes, il s'exprime de manière plus pudique. Il n'en est pas moins réel, mais se cherche plus et dépend de la personne avec qui ils partagent leur vie.

Entre le père explorateur, le père éducateur, le père lointain… Se glisser psychiquement dans la peau du père est un sacré périple !

Le chemin qui y mène, parfois bien après la naissance de l'enfant, remet à l'ordre du jour les anciennes angoisses, les souffrances des fils que nous sommes tous. Devenir parent réactive ce que nous avons reçu ou pas, nous interroge sur ce que nous voulons transmettre. Beaucoup de parents, désormais, veulent aider leurs enfants à acquérir une personnalité, à emprunter un chemin original, à s'ouvrir à l'autre, et en même temps, ils ne supportent plus les risques d'échec. Comme s'ils pouvaient leur éviter les angles et les pointus de la réalité pourtant nécessaires et formateurs.

Pourquoi affirmer que certains enfants ont perdu « le goût du père » ?

Il est fréquent qu'une femme élève seule une progéniture pour de multiples raisons - abandon de la part de son ex ou bien mise à l'écart active de celui-ci. Or, la filiation prend consistance dans la narration, quelque chose doit être dit de ce père. Je pense à ce beau film de Wim Wenders, *Don't Come Knocking*, dans lequel Sam Shepard se découvre père à 60 ans. Son fils, qu'il finit par retrouver, lui reproche de s'être construit sur du vide. C'est tout à fait ça. Ceux qui souffrent d'un manque d'investissement, voire de l'absence paternelle, sont comme un fruit ayant parfois belle mine, mais creux à l'intérieur. Leur souffrance œuvre sourdement, comme un membre fantôme. Certains adolescents tournent à vide dans une impasse identificatoire. C'est lourd de « faire » sans père. Fort heureusement, la densité des contacts entre les pères séparés et leurs enfants s'intensifie.

Certains hommes n'osent plus s'opposer de peur de rompre le lien.

Or, estimez-vous, il faut pouvoir maudire ses enfants !
Je le dis avec beaucoup d'humilité. C'est difficile pour un père d'affirmer : « Trop, c'est trop ! Je conditionne ma présence. » Or, vouloir garder le lien à tout prix produit souvent l'effet inverse. J'ai reçu des parents terrorisés par leur ado tout-puissant. Il y a une telle angoisse chez certains adultes - notamment les pères - des maltraitances éducatives qu'ils ne se positionnent plus. Notre société s'intéresse aux théories de l'attachement, mais l'attachement suppose le détachement. Je me souviens d'un père qui cherchait une nouvelle copine sur les réseaux sociaux et sollicitait l'avis de son fils sans voir le problème ! Depuis la parution de *La familia grande*, de Camille Kouchner, la parole s'est libérée, mais ce n'est qu'une partie émergée de l'iceberg : on parle beaucoup d'inceste, moins du climat d'incestualité dans les familles. Il y a encore quelque chose qu'on ne veut pas voir dans notre monde, qui érotise l'adolescence et dénie le fait que cela provoque des effets délétères.

La crise de la transmission n'est pas une fatalité…
La filiation vit une mise à l'épreuve historique. Faute de projets collectifs qui font rêver, l'horizon se limite à la créativité de chacun. Les fils et les filles d'aujourd'hui sont obligés d'inventer leur vie dans ce monde incertain qu'on leur a transféré plus que transmis. L'absence de testament rédigé par la génération précédente rend douloureuse l'aventure d'être soi : « Je ne sais pas quoi faire de moi ! » me disent les jeunes. C'est pour eux une grande angoisse que d'inventer l'avenir sans point d'appui stable. Pour se déployer, chacun peut trouver une niche de sens : un lieu aimé, quelques solides amis, une vie affective, une utilité sociale…

Comment aider les enfants à s'envoler ?
Beaucoup d'adultes pensent ne pas être compétents en matière de transmission, or ils ont un rôle à jouer. La rampe de lancement du jeune adulte repose sur cet équilibre subtil, ne pas exercer une parentalité à éclipses, ni une attraction trop forte. J'aime la métaphore aéronautique de la portance, cette force qui permet à l'avion d'être « porté » par l'air. Voler de ses propres ailes devient possible quand le sujet a suffisamment confiance dans le lien qu'il sait pouvoir solliciter en cas de nécessité.

Nous sommes des animaux généalogiques : quel est le rôle des grands-parents ?
L'enfant a besoin d'ancrage pour se projeter. La figure paternelle avait une portée généalogique, nous souffrons d'une perte d'arrimage. Les pères hyperéducateurs préfèrent se fier à des manuels qu'aux grands-parents, chaînon essentiel de la transmission. Vouloir tout construire par soi-même, tels des autoentrepreneurs de la parentalité, est épuisant ! Je tiens à rassurer. Les grands discours ne font pas la transmission, rien ne sert de pratiquer une pédagogie incessante. Des petits gestes soulignent une attitude profonde. Je me souviens de ce père qui gardait toujours deux mouchoirs en tissu dans sa poche, l'un pour lui, le second pour le prêter à quelqu'un. Une leçon de vie pour son fils. Avec le Covid, on ne peut plus prêter son mouchoir, soyons inventifs !

**Jacques Arènes est psychologue, psychanalyste et auteur du récent essai « L'Art secret de faire des enfants » (Éditions du Cerf, 2021).*

Entretien paru dans Madame Figaro *le 18 mars 2021.*

Les neurosciences et la prise en compte du contexte sociétal donnent quelques clés aux parents déboussolés.

Ados, modes d'emploi dans un nouveau monde

*Par Pascale Senk**

« *Il ne se lave plus* », « *Elle passe des heures affalée sur le canapé* », « *Son agressivité devient insupportable* »… En apparence, les plaintes de parents d'adolescents n'ont guère changé. Mais le contexte dans lequel ces jeunes évoluent, oui. « *Aujourd'hui, pour les familles, différents remaniements se superposent,* observe le Dr Stéphane Clerget. *L'environnement des jeunes s'est modifié, et eux-mêmes y étant de plus en plus poreux, ils sont très différents de leurs parents au même âge. Autant dire qu'avec des règles éducatives désuètes, les adultes ont de quoi se sentir dépassés.* » Une incompréhension qui a mené le pédopsychiatre à publier, avec la journaliste Estelle Denis, *Ados : le décodeur* (Éditions Leduc.s), dans lequel tous deux explorent des pistes éducatives possibles face à cette nouvelle génération « en crise ». Pour Estelle Denis, maman de Victoire, 15 ans, et de Merlin, 12 ans, les interrogations les plus insistantes tournent autour des objets numériques : « *Leur portable permet la géolocalisation, dois-je chercher à savoir où ils sont ?* » ; « *Dois-je fouiller dans leur téléphone portable ?* »…

En réalité, si les smartphones ont remplacé les journaux intimes, le grand défi posé aux parents après la puberté de leurs enfants reste, comme il y a trente ans, celui de la trop grande curiosité : face à cet enfant qui devient adulte, quelle requête parentale devient carrément intrusive et, dans ce cas, délétère ? À travers différents exemples, le Dr Stéphane Clerget donne une clé : « *Il s'agit de rester vigilant... mais à distance.* » Et bien sûr de laisser s'épanouir le plaisir d'autonomie de l'adolescent. « *Lorsque ma fille me balance un "non, maman, tu peux t'en aller, je préfère regarder une série télé toute seule", je fais un grand sourire et je tourne les talons* », témoigne Estelle Denis.

Les vrais changements concernent la vision actuelle de la « crise adolescente ». S'appuyant sur les neurosciences et la psychologie positive, Nathalie de Boisgrollier, coach en parentalité et auteur d'*Élever son ado sans baisser les bras* (Éditions Albin Michel), incite chacun à voir plutôt cette période comme une « *transition pleine d'opportunités, notamment celle de restaurer des liens d'attachement qui ont pu être abîmés dans la petite enfance* ». Vous avez divorcé quand votre enfant était petit ? Pris par le travail, vous avez l'impression de ne pas avoir été assez présents ? Réjouissez-vous ! L'adolescence vous ressert sur un plateau mille occasions de manifester votre respect, votre sollicitude et votre intérêt pour cet enfant qui est désormais plein de forces et de talents en devenir, caractéristique trop souvent oubliée.

UNE PRESSION IRRATIONNELLE

Pour Nathalie de Boisgrollier, les plus grands dommages que risquent de perpétrer actuellement les adultes se résument à un mot tout-terrain : « pression ». « *Une pression scolaire, quel que soit le milieu,* estime Nathalie de Boisgrollier, *à laquelle s'ajoute une pression sur l'alimentation, sur la santé, sur les fréquentations... Comment le jeune peut-il alors respirer, reprendre souffle ?* »

Car, bien sûr, les discours sur le chômage, le chaos pour s'orienter, et même la finitude de la planète accentuent un sentiment d'errance qui, selon Nathalie de Boisgrollier, se met en place désormais dès l'âge de 14 ou 15 ans. « *On observe une angoisse exponentielle vis-à-vis du parcours scolaire à partir de la cinquième, chez les parents comme chez les enfants,* déplore-t-elle, avant de rappeler l'essentiel : *ces jeunes ont certainement à créer un nouveau monde, avec des métiers que leurs parents n'imaginent même pas encore. Ça fait peur et c'est génial en même temps !* » Cette pression irrationnelle aurait aussi, selon le Dr Stéphane Clerget, un regrettable effet boomerang : « *Plus on impose de la pression à un ado, plus il fait le "coussin" en se tenant avachi devant ses écrans ou, pire, en fumant du cannabis pour s'échapper.* » Et de rappeler que la mission complexe des adultes est alors de « *lui infuser du désir... pas leur désir ; et de l'inciter à penser* ». Voir plus largement s'impose alors : « *Il s'agit d'avoir une meilleure compréhension de cette aventure de transition qu'ils sont en train de vivre,* estime Nathalie de Boisgrollier. *Cela va bien au-delà de "Pourvu qu'il ait ses examens" !* »

Pour la coach, il faut garder en tête que ces jeunes ont une meilleure connaissance du monde que leurs parents, et beaucoup d'entre eux sauront rebondir. Seul point sur lequel être particulièrement vigilant : leurs compétences psychosociales. « *L'adaptabilité émotionnelle, la capacité de résilience relationnelle, la confiance en soi comme en l'autre, les croyances ressourçantes sont autant de nouveaux domaines où il faut les accompagner.* » Encore faut-il que les parents aient, eux aussi, connaissance de telles aptitudes. ■

**Article paru dans* Le Figaro santé *le 2 septembre 2019.*

Une plongée dans le monde des enfants dits « atypiques », toujours plus nombreux, notamment en France et aux États-Unis.

L'ère des enfants « pas comme les autres »

*Par Pascale Senk**

Votre enfant est unique, différent de tous ceux que vous connaissez ? Forcément, c'est votre enfant ! Votre amour pour lui vous porte à ne voir que ses singularités. Mais parfois, cette focalisation sur ces traits originaux, ses manies ou ses retards - il n'a marché qu'à 18 mois - ou ses difficultés en classe - il ne sait pas repérer les majuscules - ou son manque de copains vous occupent tant que vous pensez consulter. Et s'il était « réellement » différent ?

Aujourd'hui, difficile d'échapper à cette question. Pas un jour sans que paraisse un nouvel article sur les « zèbres », les « dys » ou autres enfants précoces ou sujets au syndrome d'Asperger. À croire que les enfants juste « normaux » - ils ont, eux aussi, un nom, les « neuro-typiques » - se font de plus en plus rares.

Effectivement, les statistiques attestent de la prévalence croissante des « atypiques ». En 2014, aux États-Unis, on estimait que 1 enfant sur 68 présentait un trouble du spectre de l'autisme TSA, ce qui correspondait à une augmentation de 30 % en deux ans, selon l'Autism and Developmental Disabilities Monitoring (ADDM) Network. En France, 4 à 5 % des élèves d'une classe d'âge seraient dyslexiques, 3 % dyspraxiques et 2 % dysphasiques selon la Fédération française des dys.

Quant aux enfants intellectuellement précoces, dont le QI global est égal ou supérieur à 130, ils seraient 2,3 % au sein de la population générale des enfants scolarisés, soit 1 à 2 enfants par classe. On peut aussi ajouter les enfants souffrant d'un trouble de déficit de l'attention (TDA) et d'hyperactivité, estimés à 3,5 à 5,6 % des enfants d'âge scolaire.

On pourrait arguer que cette manière de comptabiliser est erronée. Des enfants autistes n'auraient rien à voir avec des dyslexiques ou des hyperactifs. Mais désormais, de nombreux spécialistes regroupent ces atypiques, car tous souffrent d'un problème commun : leurs difficultés relèvent d'une configuration cérébrale particulière, en partie d'origine génétique. « *Le câblage des neurones du cerveau n'est pas comparable. Ce n'est ni mieux ni moins bien, mais simplement différent* », explique le Dr David Gourion. Dans son dernier ouvrage, coécrit avec la psychologue Séverine Leduc, il défend l'idée d'une neurodiversité psychique (1).

De plus, chaque trouble peut se voir associé à un autre, selon un cocktail qui singularise chaque enfant. On peut être autiste et dyspraxique, dyslexique et souffrir d'hyperactivité. « *On peut être surdoué car on a brillamment passé le test du QI, et cependant souffrir d'un TDAH (trouble du déficit de l'attention avec ou sans hyperactivité), d'une dyslexie au point de ne pas avoir de bons résultats scolaires,* ajoute la psychologue et psychothérapeute Audrey Akoun, qui a publié avec sa collègue Isabelle Pailleau *Vive les zatypiques !* (Éditions Leduc.s). *Évidemment, chez ceux que nous recevons, l'estime de soi est presque toujours affectée, et leurs parents sont déboussolés.* »

Le point commun de la plupart de ces enfants : ils souffrent. Leur confiance en eux, leur joie de vivre sont abîmées

ACCUEILLIR LA DIFFÉRENCE

Car finalement, tel est le point commun de la plupart de ces enfants : ils souffrent. Leur confiance en eux, leur joie de vivre sont abîmées, car ils endurent des difficultés sur lesquelles ils n'ont que peu de prise. Leur différence reste encore incomprise dans une société de la performance, qui jusque-là évaluait la progression d'un enfant selon ses acquis. Nathalie Favre, psychopraticienne et coach, qui s'est spécialisée dans l'accompagnement d'enfants différents, en a fait l'expérience avec son propre aîné. « *Quand il avait 4 ans, sa maîtresse pensait qu'il était malhabile, avec un langage incompréhensible, me disait-elle. Était-il normal ? Or moi, je le voyais à la maison faire des puzzles de haut niveau à la vitesse grand V.* » C'est une psychomotricienne qui parlera à la maman de la précocité de son enfant.

« *Avec un tel diagnostic, on pense plutôt à l'enfant qui réussit tout, avec des parents se gargarisant des prouesses de leur petit génie,* poursuit Nathalie Favre. *Mais quand j'ai ouvert un forum sur internet (www.coachlavie.com) j'ai découvert que la plupart des familles se retrouvent plutôt accablées par tous les troubles associés à la précocité : ces enfants ont une vivacité de raisonnement qui peut les empêcher de bien se relier aux autres et leur causer des débordements émotionnels. Du coup, ils sont en retard dans de nombreux domaines...* »

Sylvie, maman de Sam, aujourd'hui âgé de 25 ans, est passée par ces phases énigmatiques où l'enfant a des réactions curieuses. « *Il voulait faire tout tout seul, très vite, et les professeurs faisaient des remarques étonnantes sur lui comme "Il a d'excellentes notes" mais "Il a l'air si malheureux".* » Peu à peu, cela a infusé de l'angoisse là où tout semblait normal. « *C'était mon premier enfant, je n'avais pas de points de comparaison, et à la maison j'avais l'impression qu'il fonctionnait bien. Ce n'est réellement qu'en quatrième, quand ses notes se sont effondrées, que j'ai compris qu'il fallait consulter* », finit Sylvie.

Le parcours des enfants et de leurs parents est souvent jalonné de ces mêmes étapes. D'abord l'incompréhension devant certains comportements : il est toujours dans la lune ou aime s'isoler. Puis le déni qui permet, en famille, de mettre tout cela de côté. C'est l'école qui, le plus souvent, fait office de méchant révélateur. Au milieu des autres, dans un système scolaire qui n'est pas encore totalement prêt à l'accueillir, l'enfant atypique fait tache. Maladroit, il est intelligent, mais souffre souvent d'un trouble d'apprentissage qui rend toute tâche à accomplir plus fastidieuse. « *Quand il a eu son bac, mon fils m'a dit en soupirant "Ça y est, mon calvaire est fini !"* » témoigne Sylvie.

VALORISER LES COMPÉTENCES

Ce n'est qu'au moment où, grâce aux récentes découvertes en neurosciences, un diagnostic précis est enfin posé que les familles respirent un peu. « *Même si les termes "autisme de type Asperger" ou "TDAH" ou même "dys" font mal, ils permettent de nommer enfin ce qu'on ne savait définir* », explique Nathalie Favre. Mais bien sûr, cela ne saurait suffire. Virginie Megglé, psychanalyste d'enfants et d'adultes, le constate : « *Les familles qui nous consultent annoncent tout de go une étiquette : notre fils est un "zèbre" ou un "dys", termes qu'ils ont associés à de grandes recherches sur internet ou à la lecture d'ouvrages consacrés à ces troubles. Cette reconnaissance du mal-être les rassure. Mais ensuite, qu'est-ce qu'on fait avec la souffrance qui reste, malgré le diagnostic ?* » Selon cette psychanalyste, et en parallèle avec les rééducations proposées, il est nécessaire de se mettre alors à l'écoute de tout l'environnement de l'enfant. Comment peut-il être bien dans sa famille, avec les autres, qu'a-t-il à dire de ce diagnostic, afin de ne pas se retrouver enfermé dans une nouvelle norme ? Surtout, pour elle qui a publié *Quand l'enfant nous dérange et nous éclaire* (Éditions Eyrolles, 2018), « *il faut mesurer comment l'enfant bouscule toute la famille, bouleversant chez chacun les manières de se comporter* ».

« L'enfant n'est pas que son trouble. Chez beaucoup d'entre eux, on décèle des talents singuliers »
NATHALIE FAVRE

Reste que le chantier réellement important pour ces enfants est de faire fructifier leurs compétences. Et souvent, elles sont nombreuses. « *L'enfant n'est pas que son trouble,* rappelle Nathalie Favre. *Chez beaucoup, on décèle des talents singuliers.* » Leur ressource principale : ils sont souvent artistes, curieux, et persévérants dans leurs passions. Les précoces, de leur côté, doivent apprendre à se recentrer et à organiser leurs idées. Sam, le fils de Sylvie, a fait de son refuge dans les jeux vidéo un véritable levier. Il participe à des tournois. Il est aujourd'hui l'un des 50 meilleurs gamers au monde, et il vient de créer « *avec une dizaine de copains un e-store qui produit du contenu pour une webtélé spécialisée en multigaming et délires en tout genre* », explique sa mère. « *Ce qui compte,* résume Nathalie Favre (2), *c'est ce que ces enfants feront de leur particularité. Elle les amènera à surmonter des obstacles, à envisager de nouvelles découvertes qui construiront leur personnalité.* » Un chemin qui, en fin de compte, ressemble fort à celui des plus normaux d'entre nous. ■

Ce n'est qu'au moment où, grâce aux récentes découvertes en neurosciences, un diagnostic précis est enfin posé que les familles respirent un peu

(1) David Gourion et Séverine Leduc, « Éloge des intelligences atypiques. Pas comme les autres, plus que les autres ! » (Éditions Odile Jacob, 2018);
(2) Nathalie Favre et Béatrice Lorant, « Mon enfant est précoce ! » (Éditions Leduc.s, 2018).

**Article paru sur lefigaro.fr le 9 août 2019.*

Nicole Prieur*, philosophe et psychothérapeute, évoque le rôle des parents face aux enfants devenus de jeunes adultes et l'impact de l'argent sur les liens familiaux.

Nicole Prieur
Les « conflits de loyauté » des 17-25 ans

Propos recueillis par Pascale Senk

LE FIGARO. - **En quoi les jeunes d'aujourd'hui bousculent-ils de manière nouvelle les adultes que nous sommes ?**

Nicole PRIEUR. - Je crois que ces 17-25 ans qui intéressent tant la psychologie aujourd'hui vivent de manière plus intense les remaniements de leurs loyautés vis-à-vis de leur famille. Cela leur pose plus vite question : ai-je fait ces études pour plaire à mon père ? Vais-je m'autoriser à partir vivre à l'étranger malgré l'anxiété de ma mère ? Auparavant, ces interrogations et décisions latentes émergeaient vers 30 ans, souvent après les premiers échecs. Désormais, ces jeunes, qui ont été des enfants « doltoïens », bercés par la psychologisation de la société, sont habitués à s'interroger ainsi. Cela a du bon. Mais aussi des aspects négatifs : la culture du développement personnel les assigne parfois à s'aligner sur l'injonction parentale « Surtout, tu dois aller bien ». Certains, qui ont d'ailleurs été en consultation psy dans leur enfance, reviennent nous voir pour parler de ces problématiques de leur autonomisation… Si celles-ci sont moins bruyantes que dans les années 1960, où il fallait se libérer du joug sociétal, elles n'en sont pas moins fortes du point de vue émotionnel.

Vous qui avez analysé l'impact de l'argent sur les liens familiaux, celui-ci est-il aussi plus fort ?

Bien sûr, le contexte est anxiogène et les situations économiques désormais déterminantes. Pour les parents, l'étape « continuer à aider notre enfant » vient se surajouter à l'enjeu « il doit s'assumer ». Car, plus on aime ses enfants, plus on a envie qu'ils soient autonomes, et cela, qui s'est complexifié aujourd'hui, n'a que peu à voir avec la situation financière proprement dite. Il s'agit donc de se détacher un peu de ses croyances sur le rôle parental afin de les aider, tout au moins partiellement.

Par exemple ?
Un père, même s'il a un beau patrimoine, peut dire à son fils « Là, tu dois travailler pour te payer tes vacances » ou « ton permis de conduire ». Ou aussi, et parfois en même temps, lorsque l'enfant perçoit un premier salaire, savoir « faire complément » pour le soutenir. Aujourd'hui, cette tranche d'âge, avec ses difficultés, implique que le parent apprenne à faire le geste de « je vais t'aider en partie ».

Comment faire une place plus saine à l'argent dans ces relations ?
D'abord en osant en parler concrètement, en mettant à plat les solutions possibles. Surtout, les adultes doivent faire passer et incarner certaines valeurs positives quant aux ressources matérielles : l'argent, ce doit être un juste moyen d'avoir du confort dans la vie, pas du pouvoir. Or de nombreux parents considèrent encore que cela permet de contrôler le jeune. Nous le savons car ces enfants, que nous recevons, sont pétris de culpabilité. Ils se sentent redevables à leurs aînés et sont perdus par rapport à la marge de liberté qu'ils peuvent s'autoriser. C'est là tout le paradoxe : parfois, pour aider son enfant, il faut restreindre - voire couper - les vivres trop faciles.

Mais quand l'enfant semble incapable de gagner sa vie… ?
C'est le moment de s'interroger sur cette présence longue et inamovible au foyer. Pourquoi le jeune reste-t-il là à ne rien entreprendre ? Quelle dette psychique fait-il ainsi payer à ses parents ? Quelle véritable attente, et qui se manifeste par l'aspect financier, a-t-il envers eux ? De même, quand les parents ne parviennent pas à prendre de la distance : de quoi cet enfant est-il le réparateur ? Ce qui est intéressant du point de vue psychologique, c'est que dès qu'on transforme la circulation de l'argent dans la famille, les places et les rôles de chacun s'en trouvent modifiés. Parfois, passer de 120 euros d'argent de poche mensuels à 80, cela fait tout changer. ■

**Auteur, avec Bernard Prieur, de « La Famille, l'Argent, l'Amour » (Éditions Albin Michel, 2016).*

Entretien paru dans Le Figaro santé *le 30 mars 2017.*

NICOLE PRIEUR EST PHILOSOPHE, ESSAYISTE ET THÉRAPEUTE FAMILIALE.

Effet de mode ou signe d'un lourd mal être, les consultations médicales concernant la « dysphorie de genre » se multiplient.

Enfants trans : quand la volonté de changer d'identité bouscule l'école

*Par Caroline Beyer et Agnès Leclair**

Dans un lycée de l'Ardèche, Sarah, 17 ans, élève discrète, demande un beau jour à certains de ses professeurs de l'appeler Paul. À l'époque, les surveillants de l'internat où elle réside l'appellent déjà de ce « nom d'usage ». « *J'ai expliqué à Sarah que j'étais fonctionnaire d'État. Et que tant que son état civil ne serait pas changé, je continuerai à l'appeler ainsi* », raconte son professeur de sport. Voilà cinq ans qu'il observe chez ses élèves « *un volontaire brouillage des codes* ». « *Des garçons qui portent une jupe sur leur jean, des filles aux tenues unisexes ? Des choses qui relevaient, selon moi, de l'excentricité adolescente. Il y a deux ans, des élèves plus militants, en lien avec les groupes LGBT, ont commencé à se revendiquer "non binaires". Mais il n'y avait jusque-là pas de demandes institutionnelles* », explique-t-il.
Les choses changent à la rentrée 2020, lorsque la proviseur du lycée signifie aux enseignants que Sarah, qui vient de fêter ses 18 ans, s'appellera désormais Paul. Elle s'appuie sur un vade-mecum de l'Éducation nationale indiquant que tout élève, majeur ou mineur accompagné par ses parents, doit être soutenu par la communauté éducative dans sa « transition ». Le professeur de sport, lui, campe sur ses positions. Il interpelle alors son inspecteur qui lui confirme l'utilisation du prénom d'usage, mais lui explique qu'en cours de sport, Paul

continuera de fréquenter les vestiaires féminins. « *Schizophrénique et questionnant*, estime l'enseignant. *En n'interrogeant pas ce type de démarche, ne passe-t-on pas à côté de ce que ressent l'élève ? N'est-ce pas une diversion face à des sujets qui touchent durement la jeunesse, comme l'accès à l'université, au travail ou la profonde misère sexuelle ?* » interroge le professeur. Selon lui, « *l'institution doit rester ferme sur ses bases et garder sa neutralité. Comme pour les signes religieux.* »

L'école doit-elle être la première institution à valider le changement de genre d'un enfant ou d'un adolescent ? En décembre, Avril, adolescente transgenre de 17 ans, s'est suicidée deux semaines après une altercation avec la direction de son lycée, à Lille. « *On a vraiment besoin d'une formation* », avait déclaré alors la rectrice de l'académie. Le documentaire *Petite fille*, diffusé fin novembre sur Arte, a fait couler beaucoup d'encre. Il raconte l'histoire de Sasha, 7 ans, « *née dans un corps de garçon* », explique sa mère, et le combat de la famille pour qu'elle soit acceptée comme fille à l'école. Encensé mais aussi critiqué, le début du film montre une mère torturée par la culpabilité. Pendant sa grossesse, elle voulait une fille. Face à elle, la pédopsychiatre de l'hôpital Robert-Debré balaye ses doutes et assène les mots : « *dysphorie de genre* ». Un terme médical récemment entré dans le manuel de l'association américaine de psychiatrie (APA) pour décrire la détresse de la personne transgenre face à un sentiment d'inadéquation entre son sexe assigné à la naissance et son identité de genre.

La transidentité est devenue, ces dernières années, un phénomène médiatique. Émancipation ou effet de mode ?

Sommé de se positionner, le ministère de Jean-Michel Blanquer a réuni fin janvier un groupe de travail sur la transidentité. « *Lorsque l'élève et les parents sont d'accord, on peut changer le prénom d'usage, dans la classe, sur la carte de cantine, de bibliothèque. Il faut rappeler aux établissements réticents les bonnes pratiques*, explique Édouard Geffray, le numéro deux de la Rue de Grenelle. *Lorsque les parents ne sont pas d'accord, c'est problématique. Si l'enfant est mineur, on ne peut pas aller contre la volonté parentale* », ajoute-t-il.

« Lorsque les parents ne sont pas d'accord, c'est problématique. Si l'enfant est mineur, on ne peut pas aller contre la volonté parentale »
ÉDOUARD GEFFRAY

Créée en 2017 pour accompagner les enfants ou adolescents trans et leurs familles, notamment auprès de l'école, l'association Au-delà du genre rappelle régulièrement la loi. « *Nous nous assurons qu'il n'y a pas de barrières qui empêchent l'élève trans de porter des vêtements qui cadrent avec son identité* », indique Clémence Zamora-Cruz. Il peut aussi être question des toilettes et des vestiaires, un sujet hautement polémique aux États-Unis. « *C'est à l'élève de choisir l'endroit conforme à son identité de genre* », plaide-t-elle. Le ministère, lui, promet un guide pour le printemps. Prudent, il n'entend rien graver dans le marbre, par une circulaire. « *Il existe une myriade de situations individuelles* », nuance Édouard Geffray. Responsable du Snes-FSU, le puissant syndicat du secondaire, dans l'académie d'Orléans-Tours, et membre du Collectif éducation contre les LGBTIphobies en milieu scolaire, Olivier Lelarge réclame « *un document officiel* ».

Des célébrités qui assument au grand jour leur transformation, comme l'athlète Caitlyn Jenner, aux témoignages d'enfants trans, la transidentité est devenue, ces dernières années, un phénomène médiatique. Émancipation ou effet de mode ? « *Certains parents parlent d'embrigadement de leurs enfants sur les réseaux sociaux* », constate Céline Masson, psychanalyste, qui, aux côtés de psychiatres et pédiatres, a signé une tribune dans *Marianne*, début janvier. « *Les progrès incontestables de la médecine de ces vingt dernières années, et en particulier l'endocrinologie et la chirurgie plastique, ont rendu possible des "transformations" corporelles qui ont permis à des hommes de devenir des femmes et inversement, du moins en apparence, (mais) l'humain est contraint, il ne peut pas tout* », écrivent-ils. Pour Céline Masson, le documentaire *Petite fille* est un « *film de propagande* ». « *Tout cela va dans le sens de notre société droits-de-l'hommiste, du libéralisme à outrance, de la revendication "c'est mon corps"* », ajoute-t-elle. Elle décrit « *une emprise par des militants de l'extrême, qui rejettent la psychanalyse* ».

Barbe de trois jours, Jules, 21 ans, arbore un grand sourire. « *Je me sens mieux depuis ma mastectomie* (ablation des seins, NDLR). *C'était le 26 juin.* » Le jeune homme a rangé les « binders » (une brassière qui comprime la poitrine) qu'il portait depuis des années. C'est à 13 ans qu'il a commencé à exprimer une souffrance, sans parvenir à la formuler. À sa mère, il envoie un texto subliminal : l'image d'une jeune fille qui voit un garçon dans le miroir. En 2017, elle l'entend pleurer, une fois de plus. Il regarde le documentaire *Devenir il ou elle*, diffusé sur France 5. « *Il m'a dit : "je suis comme ça"*, raconte-t-elle. *Je lui ai expliqué que nous allions l'accompagner.* » Commence alors un long parcours. À Quimper, où vit la famille, les spécialistes manquent. « *Nous avons rencontré un groupe LGBT à Rennes. Ils nous ont expliqué que nous n'avions pas besoin de psy, mais qu'ils pouvaient nous conseiller un endocrinologue*, raconte le père. *Mais nous ne voulions pas brûler les étapes, ni tomber dans une sorte d'endoctrinement.* » Après six mois d'attente, ils décrochent un rendez-vous à Paris, chez le Dr Jean Chambry. Le début de la transition. Le changement de prénom d'abord. Élise devient Jules. Les deux frères aînés ont d'abord exprimé des réserves - « *Non, c'est ma petite sœur* », a lâché le cadet -, puis ont rapidement accepté.

Au Centre intersectoriel d'accueil pour adolescent (Ciapa) à Paris, la moyenne d'âge des petits patients est de 14 ans

« LA VIE SEXUELLE FUTURE »

Avant la rentrée en terminale, rendez-vous a été pris dans l'établissement privé catholique qu'il fréquente depuis la sixième. « *Tout s'est fait très simplement. Seul un professeur n'a jamais réussi à m'appeler Jules* », explique le jeune homme. Avant son entrée à la fac, il a officiellement changé son état civil. Depuis deux ans, il a commencé les traitements hormonaux.

En France, le Dr Jean Chambry est l'un des premiers médecins à avoir ouvert une consultation pour les adolescents mal à l'aise avec leur identité de genre, dès 2014. « *Des "gender clinics" existaient déjà aux États-Unis, au Canada, aux Pays-Bas. Dans ma pratique, en France, je n'avais eu qu'une seule demande de ce type en quinze ans* », se souvient le pédopsychiatre. Depuis, plusieurs consultations spécialisées dans la dysphorie de genre ont émergé. Dans les premiers temps, il recevait une dizaine de demandes par an. Désormais, il en reçoit dix par mois au Centre intersectoriel d'accueil pour adolescent

(Ciapa), à Paris, où il exerce. Et pour décrocher un premier rendez-vous, le délai d'attente s'élève à dix-huit mois. Quelque 200 jeunes de 12 à 20 ans qui s'interrogent sur leur identité y sont suivis. À Paris, en ajoutant les consultations de l'hôpital Robert-Debré et de la Pitié-Salpêtrière, ils seraient environ 700, de la maternelle jusqu'à la majorité, à consulter. Un véritable phénomène ? « *Cela a commencé à flamber depuis cinq ans. Aujourd'hui, nous sommes débordés* », témoigne le Dr Jean Chambry.

Si certains de ses collègues se demandent s'ils ne sont pas en train de créer un « *phénomène adolescent* », il estime, pour sa part, que « *la parole s'est libérée* ». Au Ciapa, la moyenne d'âge des petits patients est de 14 ans. « *Nous accueillons leur parole en étant le plus neutre possible. On ne veut pas remplacer des cases par d'autres cases. Notre objectif est que ces adolescents puissent vivre la vie la plus banale possible : travailler, se construire, avoir une famille, sans s'enfermer dans une étiquette.* » Pour le pédopsychiatre, il faut aussi « *se poser la question de la vie sexuelle future* », même s'il est difficile de se projeter à l'adolescence. « *J'ai actuellement cette discussion avec un jeune homme trans de 14 ans qui ne peut supporter sa vie sans pénis* », raconte le médecin un peu perplexe. En France, les opérations génitales ne se font pas avant la majorité. Mais des bloqueurs de puberté, un traitement réversible, peuvent être prescrits vers 10 ans puis, un traitement hormonal à partir de 15 ans pour développer les caractères sexuels secondaires (comme la pilosité) du sexe choisi.

En Grande-Bretagne, la question du discernement et du consentement éclairé des mineurs sur la voie de la transition a fait grand bruit en décembre. Les juges anglais ont donné un coup d'arrêt aux traitements bloqueurs de puberté pour les enfants. À 13 ans ou moins, il est « *hautement improbable qu'un enfant soit compétent pour consentir à l'administration d'inhibiteurs de puberté* », a tranché le tribunal. Quant aux adolescents de moins de 16 ans, ils ne peuvent prendre ce traitement que s'ils en comprennent les conséquences « *immédiates et à long terme* ». Les juges ont ainsi donné raison à Keira Bell contre la clinique londonienne Tavistock and Portman NHS Trust, spécialisée dans la transition de genre. Cette jeune femme de 23 ans avait commencé à prendre des inhibiteurs de puberté à l'âge de 16 ans. Une première étape complétée plus tard par la prescription de testostérone, puis par une double mastectomie. À l'époque, Keira voulait devenir un homme. Aujourd'hui, ce n'est plus le cas. La jeune femme fait partie de ceux que l'on appelle désormais les « détransitionneurs », des personnes qui regrettent leur changement de sexe. À la BBC, elle a décrit son traitement comme une « *expérience dévastatrice* ». ■

**Article paru dans* Le Figaro *le 27 janvier 2021.*

A quel âge estime-t-on qu'un enfant est assez mûr pour faire un choix qui déterminera son identité et toute son existence ?

Changement de sexe : quid du « consentement » des mineurs ?

*Par Eugénie Bastié**

La question délicate du « consentement » - titre du livre de Vanessa Springora où elle révélait l'emprise qu'elle avait subie de la part de Gabriel Matzneff à l'âge de 14 ans - est devenue centrale dans la dénonciation des violences sexuelles. Le grand mythe de l'affranchissement, qui projetait l'idéal naïf d'une sexualité sans limites, sans violence, complètement apaisée sous le règne de la « liberté », a volé en éclats. On se rend compte que l'absence de règles consacre souvent le triomphe du plus fort. Déjà complexe à définir lorsqu'il s'agit d'une relation entre adultes, le consentement est à juste titre déclaré impossible quand il s'agit d'enfants.

Une proposition de loi a été déposée au Sénat pour créer un seuil d'âge de non-consentement à 13 ans. Ce texte aggrave par conséquent la peine encourue en cas de relations sexuelles entre un adulte et un mineur de moins de 13 ans, qui deviendrait un crime passible de vingt ans de prison (et non plus simplement un délit, comme à l'heure actuelle, si l'hypothèse du consentement est retenue). Précisons que la protection pénale des mineurs de 13 à 15 ans resterait inchangée. La proposition de loi a été votée à l'unanimité jeudi 21 janvier 2021.

Cette lutte contre les violences sexuelles s'accompagne d'un rappel salutaire de la vulnérabilité physique et psychologique des enfants et des jeunes adolescents. Ce discours de protection de l'enfance disparaît pourtant quand il s'agit de la question des enfants et adolescents transgenres. On voit partout fleurir des documentaires, des témoignages faisant l'éloge de la transition de genre chez les enfants. *Télérama*, qui célèbre la puissance du récit de Springora osant se lever contre l'emprise de Matzneff, fait en même temps l'éloge sans recul du documentaire *Petite fille*, présentant le parcours d'un enfant transgenre. Il ne s'agit bien sûr pas de se déclarer insensible au malaise de certains enfants ni de comparer des souffrances incomparables. Mais de poser une question : inaptes à consentir à une relation sexuelle, comment des mineurs pourraient néanmoins faire le choix éclairé et raisonnable de prendre une décision bouleversant l'intime de façon irréversible ? « *Trop jeunes pour que leur consentement à une relation sexuelle avec un adulte en soit vraiment un, mais assez mûrs pour s'engager sur la voie d'une "transition" d'un sexe à l'autre ?* » se demandaient les philosophes Olivier Rey et Jean-François Braunstein dans *Le Figaro* du 13 février 2020.

LES FOLIES DU PRÉSENT

Épingler les erreurs du passé oblige aussi à regarder ce qui se passe sous nos yeux, à élargir la prise de conscience aux phénomènes contemporains. C'est d'ailleurs ce qui se passe. De plus en plus de psychologues et de médecins prennent la parole. Dans une tribune publiée dans *Marianne*, des pédiatres et des psychiatres ont critiqué le documentaire *Petite fille*, affirmant qu'« *aimer un enfant, c'est aussi lui faire accepter la limite* ». Au Royaume-Uni, le 1er décembre 2020, la Haute Cour de justice (Angleterre et pays de Galles) a jugé qu'« *il est hautement improbable qu'un enfant âgé de 13 ans ou moins soit compétent pour consentir à l'administration d'inhibiteurs de puberté* », après qu'une adolescente regrettant sa démarche a poursuivi la clinique qui a déclenché sa transition.

La journaliste du *Wall Street Journal* Abigail Shrier a publié un livre très documenté intitulé *Irreversible Damage* (« dommage irréversible ») sur le phénomène de mode en cours aux États-Unis qui voit des nuées d'adolescentes demander une transition de genre, accordée sans discuter par l'une des 50 cliniques spécialisées du pays. Elle a également interrogé des « détransitionneurs », qui, après avoir regretté leur chirurgie, veulent retourner en arrière. Abigail Shrier a été traînée dans la boue, un professeur de Berkeley a même encouragé à « *voler et brûler son livre* ». La moindre mise en doute de la légitimité du caractère automatique du changement de sexe des enfants qui le souhaitent vaut insultes et mises au ban de la part d'activistes trans, très actifs sur les réseaux sociaux.

« Aimer un enfant, c'est aussi lui faire accepter la limite »

Malgré ces lanceurs d'alerte, la question des enfants transgenres demeure éminemment politique chez certains progressistes. Ainsi, le premier jour de sa présidence, Joe Biden a émis un décret sur « *la prévention et la lutte contre la discrimination fondée sur l'identité de genre ou l'orientation sexuelle* ». Pour la nouvelle Administration, les enfants « *devraient pouvoir apprendre sans se soucier de savoir s'ils se verront refuser l'accès aux toilettes, aux vestiaires ou aux sports scolaires* ». Une allusion à la « guerre des toilettes » transgenres qui fait rage depuis plusieurs années aux États-Unis. Que la première préconisation à propos de l'inégalité chez les enfants par le nouvel hôte de la Maison-Blanche concerne la dysphorie de genre en dit long sur le pouvoir de ces théories aux États-Unis.

Notre temps excelle dans la dénonciation des scandales du passé, mais il est moins habile à déceler les folies du présent. Dans quarante ans, dénoncera-t-on les libertés d'aujourd'hui comme insensées ? Il ne faudra pas dire : « À l'époque, on ne savait pas »… ■

**Article paru dans* Le Figaro *du 25 janvier 2021.*

Quand les écrans

Sommeil et lumière bleue

L'exposition quotidienne à la lumière des écrans LED entraîne une perturbation des fonctions non visuelles de l'œil. Cette lumière, dite « bleue », ralentit notamment le processus impliqué dans les rythmes du sommeil et finit par dérégler l'horloge biologique.

1. Les **ondes courtes** sont captées par les **cellules sensibles à la lumière** (photorécepteurs), qui envoient au cerveau un message : **« il fait jour ».**

2. L'**information est transmise** depuis les récepteurs jusqu'au **noyau suprachiasmatique** par l'intermédiaire des neurones organisés en réseau.

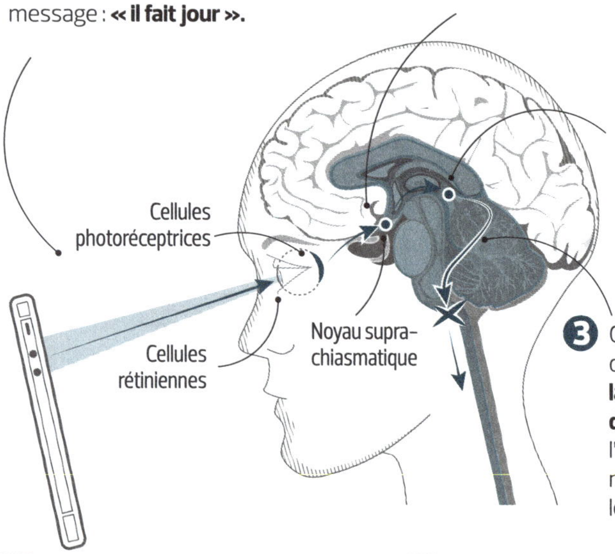

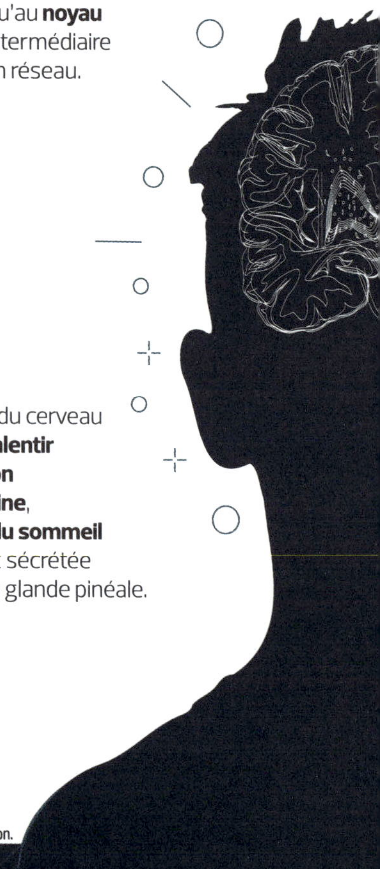

3. Cette zone du cerveau décide de **ralentir la production de mélatonine**, l'**hormone du sommeil** notamment sécrétée le soir par la glande pinéale.

4. **L'endormissement** est donc **retardé**, et les **cycles du sommeil perturbés**. Ce dérèglement peut avoir un impact direct sur certaines formes de **dépression ou d'anxiété infantiles.**

Sources : Anses, Inserm, AFP, CSA et Serge Tisseron.

Quelques règles élémentaires à respecter

AVANT 3 ANS

Pas d'écrans

On privilégiera les jeux traditionnels et les livres à la télévision et aux smartphones. Laissez à votre enfant le temps de s'ennuyer pour imaginer ses prochains jeux.

AVANT 6 ANS

Pas de console de jeux personnelle

Fixez des règles claires sur le temps consacrés aux différents écrans. Veillez à respecter les âges indiqués pour les programmes. La tablette, la télévision et l'ordinateur, c'est toujours dans le salon et jamais seul dans la chambre.

les mettent à cran

Les circuits de la dépendance

En stimulant la production de dopamine, notamment, l'usage excessif d'internet, des jeux vidéo et des réseaux sociaux peut installer dans le cerveau une modification des circuits décisionnels. À terme, raisonnement et maîtrise de soi sont perturbés. Et la dépendance peut s'installer.

1 Le **signal visuel*** émis par l'appareil est capté par les cellules de l'œil, et transmis via le **nerf optique** aux **aires visuelles** situées à l'arrière du cerveau.

2 Le **cortex préfrontal** est là pour **analyser le stimulus**. Il choisit d'y répondre ou non. Cette fonction du cerveau nécessite un **apprentissage.**

3 Sans décision contraire du cortex préfrontal, **le cortex moteur** déclenche l'action (par exemple : appuyer sur un bouton, etc.).

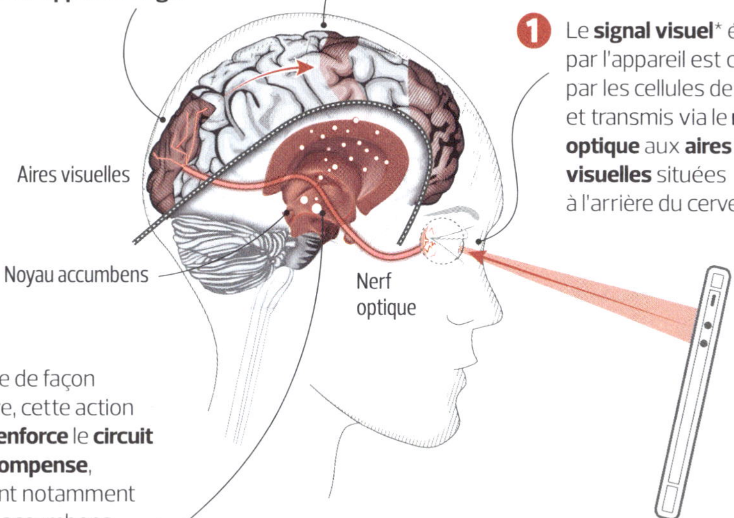

4 Pratiquée de façon excessive, cette action directe **renforce** le **circuit de la récompense**, impliquant notamment le noyau accumbens, qui **libère de la dopamine**, la **molécule du plaisir**.

5 Ce système de récompense (clic = plaisir) entraîne une certaine forme de **dépendance, qui peut cependant être régulée.**

* Ce signal peut aussi être sonore ou tactile.

AVANT 9 ANS

Pas d'internet sans adulte

Établissez dès le début des règles claires sur le temps d'écrans, et parlez avec votre enfant de ce qu'il y voit et fait. Pas d'écrans dans la chambre. Paramétrez la console de jeux et les contrôles parentaux. Parlez à votre enfant du droit à l'intimité, du droit à l'image, et des dangers d'internet.

AVANT 12 ANS

Pas de réseaux sociaux

Déterminez avec votre enfant l'âge à partir duquel il aura son premier téléphone portable. Il a le droit d'aller sur internet, à vous de décider si c'est seul ou accompagné, et le temps qu'il y consacre.

CRÉDITS PHOTOS

ILLUSTRATIONS DE LA COUVERTURE ET DES OUVERTURES: MATHIEU PERSAN

ILLUSTRATIONS DE L'ÉDITORIAL ET DES CONTRIBUTEURS: FABIEN CLAIREFOND

PAGE 8 : FRANÇOIS BOUCHON / LE FIGARO
PAGE 26 : LEEMAGE ROUGEMONT / OPALE VIA LEEMAGE
PAGE 29 : JANINE NIEPCE / ROGER-VIOLLET
PAGE 40 : FRANÇOIS BOUCHON / LE FIGARO
PAGE 43 : FRANÇOIS BOUCHON / LE FIGARO
PAGE 54 : SÉBASTIEN SORIANO / LE FIGARO
PAGE 64 : OLIVIER METZGER
PAGE 82 : DENIS ROUVRE / MADAME FIGARO
PAGES 92-93 : BRIDGEMAN IMAGES / LEEMAGE
PAGE 94 : BRIDGEMAN IMAGES / LEEMAGE
PAGE 95 : ANTOINE LORGNIER / AFP
PAGE 96 : PIERRE MICHAUD / GAMMA RAPHO ; GAMMA RAPHO / KEYSTONE FRANCE
PAGE 97 : JANINE NIEPCE / ROGER-VIOLLET
PAGES 98-99 : ERNEST ROGER / ROGER-VIOLLET ; JEAN-PHILIPPE CHARBONNIER / GAMMA RAPHO
PAGES 100-101 : LEE / LEEMAGE
PAGE 102 : DOROTHEA LANGE / WORLD HISTORY ARCHIVE / ABACA
PAGE 103 : JEAN-PHILIPPE CHARBONNIER / GAMMA RAPHO
PAGES 104-105 : GAMMA RAPHO / KEYSTONE FRANCE
PAGE 106 : ERIC LAFFORGUE / GAMMA RAPHO
PAGE 107 : A. ABBAS / MAGNUM PHOTOS
PAGES 108-109 : KAKU KURITA / GAMMA RAPHO ; SERGUEI SUPINSKY / AFP
PAGE 110 : ZORANDIM75 / STOCK.ADOBE
PAGE 111 : HALFPOINT / STOCK.ADOBE ; FRANÇOIS BOUCHON / LE FIGARO ; ERIN PATRICE O'BRIEN / REDUX-REA
PAGES 112-113 : MARTIN PARR / MAGNUM PHOTOS
PAGE 114 : JEAN-PIERRE BONNOTTE / GAMMA RAPHO
PAGE 115 : FABIO PRINCIPE / STOCK.ADOBE
PAGE 121 : DE VISU/STOCK.ADOBE
PAGE 142 : CHINAFOTOPRESS / MAXPPP
PAGE 150 : FRANÇOIS BOUCHON / LE FIGARO
PAGE 157 : ED ALCOCK / MADAME FIGARO
PAGE 169 : EMMANUEL ROBERT-ESPALIEU / OPALE / LEEMAGE